Ein anderes Licht?

Fröhliche Wissenschaft 246

Franz Josef Czernin

Ein anderes Licht?

Metaphern und Literatur

 Matthes & Seitz Berlin

Inhalt

Metapherntheorien und Literatur

1

Das, was wir noch vor allen Analysen und Definitionen geneigt sind, Metapher zu nennen, ist geradezu allgegenwärtig: im alltäglichen Sprachgebrauch, in zahllosen Redewendungen, aber beispielsweise auch in der Werbung, im Journalismus, in Politik und Religion – und nicht zuletzt in der Literatur.

Zudem sind Metaphern Gegenstand von Wissenschaften. Doch wissenschaftliche Analysen des Metaphorischen – wie etwa in der Philosophie, der Soziologie, der Psychologie oder gar der Neurophysiologie – haben ihre eigenen begrifflichen Vorgaben. Sie sind nicht in erster Linie an literarischen Texten orientiert, sondern gebrauchen diese daher eher als Beispiele oder Material für ihre Konzeptionen – sie suchen nach einem Metaphernbegriff innerhalb ihrer jeweiligen Paradigmen.

Dass eben deshalb Analysen des Metaphorischen nicht gleichermaßen für die Interpretation literarischer Texte geeignet sind, soll im Folgenden anhand von Beispielen aus der philosophischen Literatur zur Metapher gezeigt werden.

2

Ein erstes Beispiel sei Nelson Goodmans sprachphilosophische Analyse der Metapher[1]. Nach
Goodman ist eine Metapher dann gegeben, wenn
ein Merkmal eines Gegenstandes für ein Prädikat
steht, das eben jenes Merkmal metaphorisch denotiert. Diese Analyse sei hier auf ein klassisches Beispiel angewendet, nämlich auf die Aussage, dass
Achilles ein Löwe ist. Nach Goodman besteht das
Metaphorische zum einen darin, dass Merkmale des
Achilles, etwa *furchtlos und stark zu sein*, durch das
Prädikat *Löwe* metaphorisch denotiert werden und
diese Merkmale ihrerseits für das Prädikat *Löwe*
stehen; und zum anderen darin, dass das Prädikat
Löwe nicht den Bereich von Dingen denotiert, den
es normalerweise denotiert. So werden Menschen,
und so wird Achilles, normalerweise nicht zu den
Löwen gezählt.

Kann man aber ernsthaft annehmen, in der *Ilias*
sei tatsächlich vermittelt, dass furchtlos und stark
zu sein für das Prädikat *Löwe* steht, und daher auch,
dass eben dies für die Interpretation der entsprechenden Textstelle relevant ist? Ich glaube nicht.

Nimmt man dagegen an, mit der Aussage, dass
Achilles ein Löwe ist, sei gemeint, dass Achilles so
stark und furchtlos wie ein Löwe ist, dann kann gut
sein, dass eben dies durch die *Ilias* vermittelt und
deshalb interpretationsrelevant ist.

Nun sind die beiden Aussagen, dass Achilles ein
Löwe ist, und, dass Achilles so stark und furchtlos
wie ein Löwe ist, zwei Komponenten der sogenann-

ten Vergleichstheorie der Metapher, wie sie beispielsweise von John Searle entwickelt worden ist.[2] Nach
dieser Theorie ist die dritte Komponente ein durch
Hintergrundannahmen meist nicht ausdrücklich
vermittelter Gegensatz oder Widerspruch zur aus-
drücklichen Aussage. Im Beispiel von *Achilles ist ein
Löwe* könnte das die Aussage sein, dass Menschen
keine Löwen sind.

Jedenfalls lässt sich, wie ich behaupte, die Vergleichstheorie mit einer plausiblen Interpretation
der *Ilias* und wohl überhaupt vieler literarischer
Metaphern gut vereinbaren, viel besser als die
Goodman'sche Analyse.

Ein weiteres Beispiel für eine Analyse des Metaphorischen, die auf einer philosophischen Position
beruht, ist diejenige von Donald Davidson. In dem
Aufsatz *Was Metaphern bedeuten*[3] argumentiert
Davidson, dass eine metaphorische Aussage keine
andere als ihre wörtliche Bedeutung hat: Eine Metapher sage das aus, was sie wörtlich aussagt, und
nichts anderes; was an einer Metapher metaphorisch
ist, sei nichts Aussagehaftes. Das Metaphorische sei
daher nicht in der Wahrheit oder Falschheit einer
Aussage zu suchen, sondern in ihrer Wirkung.
Davidson drückt diese Wirkung metaphorisch aus:
Eine Metapher sei ein Schlag auf den Kopf.

Wenn aber nun in der *Ilias* Achilles *Löwe* genannt
wird, sollen wir dann nicht dadurch auch erfassen,
dass Achilles furchtlos und stark ist? Und bezeichnete Hektor Achilles als Hasenfuß, wäre dann diese
Metapher nicht falsch, wenn damit auch gemeint
wäre, Achilles sei ängstlich und ein Feigling, der vor

jedem Kampf davonlaufe? Rezipierte man aber diese Falschheit nicht und erführe man nach Davidson lediglich eine Überraschung oder eine Art Schock, dann hätte man wohl einiges Vermittelte nicht zur Kenntnis genommen und also die entsprechende Passage der *Ilias* nicht angemessen interpretiert.

Das letzte Beispiel für eine philosophische Analyse des Metaphorischen beruht auf einer generellen Skepsis hinsichtlich der Unterscheidung von Metaphorischem und Wörtlichem. So nimmt Jacques Derrida aus vielen und komplexen Gründen an, dass letztendlich jeder Sprachgebrauch metaphorisch sei und es deshalb keine wörtliche Bedeutung gebe.

Mag diese Perspektive für eine generelle Reflexion von Sprache und Literatur fruchtbar sein, so ist sie dies jedoch nur in seltenen Fällen für die angemessene Interpretation von Metaphern in literarischen Texten. So verstünde man das Grimm'sche Märchen *Froschkönig* wohl nicht richtig, nähme man an, *Frosch* und *Prinz* seien dort lediglich metaphorische Bezeichnungen, und rezipierte jene fiktionale Verwandlung nicht, die gerade den wörtlichen und nicht-metaphorischen Gebrauch sowohl von *Frosch* als auch von *Prinz* voraussetzt.

In einem literarischen Text kann allerdings sehr wohl auch das Metaphorische jeglichen Sprachgebrauchs oder das Illusionäre der Unterscheidung von wörtlicher und metaphorischer Bedeutung vermittelt sein. Es liegt dann aber auf der Hand, dass auf der Metaebene eben jene Unterscheidung vorausgesetzt wird.

3

Was literarische Texte vermitteln, kann auf ebenso falschen oder unplausiblen, aber vor allem auf ebenso unanalysierten Voraussetzungen beruhen wie jeglicher nicht-wissenschaftliche oder alltägliche Sprachgebrauch. Deshalb bekommt eine Analyse, die sich an interpretationsrelevante Vermittlungen zu halten sucht, womöglich fundamentale sprachphilosophische Gegebenheiten, Fragen und Probleme erst gar nicht in den Blick. Umgekehrt kann man allerdings daraus, dass die auf philosophischen oder wissenschaftlichen Interessen beruhenden Metaphernanalysen (wie die Goodmans, Davidsons und Derridas) Beispiele aus literarischen Texten verwenden, nicht schließen, dass diese Analysen für die Interpretation literarischer Texte relevant sind.

Das bedeutet jedoch nicht, dass die Gegenstände wissenschaftlicher oder philosophischer Analysen ebenso wie die Analysen selbst in einzelnen Fällen nicht durch literarische Texte vermittelt sein können. Kunstwerke können selbst Anwendung von Theorien auf Einzelfälle sein Man kann sich also auch literarische Texte denken, die Goodmans, Davidsons oder Derridas Metaphernanalysen illustrieren oder nahelegen.

4

Für die Interpretation literarischer Texte ist vor allem eine Analyse des Metaphorischen relevant, die sich an durch Texte charakteristischerweise Vermitteltem orientiert. Für eine solche Analyse von, wie sie hier genannt seien, *vermittlungsnahen* Metaphern sollten deshalb auch möglichst wenige Begriffe aus philosophischen und wissenschaftlichen Paradigmen vorausgesetzt oder angewendet werden. Das ist bei der Vergleichstheorie der Metapher der Fall. Dennoch ist es unvermeidlich, auch dabei Begriffe in Anspruch zu nehmen, die auf philosophischen, insbesondere auf einigen sprachphilosophischen Unterscheidungen beruhen oder diese mindestens nahelegen.[4]

Eben darin besteht eine der Schwierigkeiten, die mit dem Anspruch einhergehen, Komponenten literarischer Texte vermittlungsnah zu analysieren.

Auch sind die Grenzen zwischen Vermittlungen, Konventionen und kulturellen Hintergründen fließend. Darin besteht eine weitere und grundsätzliche Schwierigkeit für den Anspruch einer vermittlungsnahen Analyse.

Auch sind viele Vermittlungen durch Kunstwerke überhaupt (und daher auch durch literarische Texte) sozusagen tiefenstrukturell – sie sind implizit und einigermaßen verborgen. Etwas als durch sie vermittelt oder aber als nichtvermittelt zu behaupten, ist daher immer mit einigem hermeneutischen Risiko verbunden. Dieses Implizite oder Verborgene kann umgekehrt zu der Behauptung verführen, *eigentlich* sei das durch Kunstwerke vermittelt, was innerhalb eines philosophischen oder wissenschaftlichen Paradigmas zu Tage gefördert wird.

Manche der heute nicht seltenen kognitiv-psychologischen oder gar neurophysiologischen Analysen des Umgangs mit literarischen Texten mögen Beispiele dafür sein, dass solcher Verführung erlegen wird.

Eine andere Art von Schwierigkeit für eine möglichst vermittlungsnahe Analyse des Metaphorischen ist selbstverständlich, da sie für jegliche Analyse gilt: Auch die Analyse von vermittlungsnahen Metaphern setzt voraus, dass ein allgemeines Schema aus Einzelfällen abstrahiert wird. Ein solches Schema ist aber in der Regel nicht durch literarische Texte vermittelt: Die allgemeine Behauptung, dass im Fall einer Art von Metapher eine Aussage der Form A ist wie B – zum Beispiel: Achilles ist so stark und furchtlos wie ein Löwe – vermittelt ist, diese Induktion also, die aus vielen Beispielen verallgemeinert, ist wohl in den allermeisten Fällen nicht ihrerseits durch einen literarischen Text vermittelt.

Zu jeder Analyse gehört schließlich, dass sie das, woraus sie abstrahiert, nicht vollends erfassen kann – Analysen selektieren Merkmale ihrer Gegenstände. Es ist daher durchaus möglich und sogar wahrscheinlich, dass Unterarten von vermittlungsnahen Metaphern nicht erfasst werden und schon gar nicht das Besondere jedes Einzelfalls. Diese letzte Schwierigkeit ist beim Umgang mit Kunstwerken und also auch literarischen Texten deshalb besonders virulent, weil sie oder einige ihrer Komponenten manchmal – wohl bedingt durch einige Traditionen ihres Verständnisses – als ein *individuum ineffabile* zu verstehen sind.

Borges und Metaphern

Eine Metapher

In seinem Essay *Die Sphäre Pascals*[5] skizziert Jorge Luis Borges die Geschichte einer Metapher, deren Anfang er bei dem Rhapsoden Xenophanes von Kolophon vermutet, der den Griechen »einen einzigen Gott vorschlug, der eine ewige Kugel war«. Das Motiv des einen sphärischen Gottes verfolgt Borges weiter – über Parmenides, Empedokles, Platon bis ins späte zwölfte Jahrhundert, als »der französische Theologe Alain de Lille [...] die Formel entdeckte [...], die künftige Jahrhunderte nicht vergessen würden: ›Gott ist eine intelligible Sphäre, deren Mittelpunkt überall und deren Umkreis nirgendwo ist.‹«[6] Zitiert wird dabei auch der Theologe Albertelli, der »wie zuvor schon Aristoteles« meint, so zu reden heiße, eine *contradictio in adjecto* zu begehen, weil Subjekt und Prädikat einander aufheben. Und seltsamer- und, wie ich glaube, bezeichnenderweise fügt Borges hier hinzu: »Das mag stimmen, aber die Formel der hermetischen Bücher lässt uns diese Sphäre *nahezu schauen*.« Wenige Sätze weiter sagt Borges: »Für den mittelalterlichen Geist war der Sinn [jener Metapher] klar: Gott ist in jedem seiner Geschöpfe, aber keines beschränkt ihn.« Dieser *klare* Sinn der Metapher lässt jedoch, scheint mir, viel weniger *nahezu schauen* als die Metapher selbst. Auch ist dieser Sinn keineswegs klar (was allerdings, da sich der Satz auf Gott bezieht, nicht verwundert).

Metaphern als Anspielungen

Es sei dahingestellt, ob Borges sich hier ein wenig ironisch auf die vorgeblichen Sinnklarheiten mittelalterlichen Geistes bezieht. Jedenfalls entspricht seine dem Mittelalter zugeschriebene Deutung der Sphären-Metapher einer bestimmten Analyse des Metaphorischen, die manchmal *Anspielungstheorie*[7] *der Metapher* genannt wird.

Sie beruht auf einem Begriff von Anspielung, die auf den Sprachphilosophen Paul Grice zurückgeht: Wenn man sagt *Heute ist der Wein gut*, dann kann man damit darauf *anspielen*, dass man noch ein Glas trinken will. Mit Hilfe einer sprachlich ausdrücklich gegebenen Aussage wird hier also eine andere nicht ausdrücklich und indirekt zu verstehen gegeben; es ist eine Aussage, die nicht aus der Bedeutung der ausdrücklich gegebenen erschlossen werden kann, sondern nur aus dem Kontext ihrer Äußerung.[8]

An dem gegebenen Beispiel ist nun nichts metaphorisch, jedoch wird dieser Begriff von Anspielung (zuerst wohl von John Searle) zur Erklärung von Metaphern verwendet. Die Metapher ist dann eine ausdrückliche Aussage, deren Bedeutung (bei Borges wohl *Sinn*) die aus dem Kontext zu erfassende unausdrückliche Aussage ist, die ihrerseits wörtlich zu verstehen ist.

Diese Erklärung impliziert eine bestimmte Konsequenz für das, was als Wahrheitswert einer Metapher angenommen wird: Ist etwa die metaphorische Aussage gegeben, dass Achilles ein Löwe ist, dann ist der Wahrheitswert der Metapher nicht derjenige dieser im Kontext offensichtlich falschen Aussage, sondern der Wahrheitswert des durch die Anspielung zu verstehen gegebenen Vergleichs: etwa der Aussage, dass Achilles so stark und furchtlos wie ein Löwe ist. In Borges' Beispiel wäre der Wahrheitswert der Metapher jener der Aussage, dass Gott eine intelligible Sphäre ist, deren Mittelpunkt überall und deren Umkreis nirgendwo ist.

Frauen sind Blumen, Augen sind Sterne, die Zeit ist ein Fluss, das Leben ein Traum, der Tod ist ein Schlaf oder *der Schlaf ist ein Tod.* Das sind einige von Borges' Beispielen für, wie er sagt, *triviale,* jedoch *perpetuierende* Metaphern.

Er nennt sie vielleicht deshalb – wenigstens in einer deutschen Übersetzung[9] – *Gleichungen,* weil sie sich in den meisten Kontexten sehr gut – im Sinne der skizzierten Anspielungstheorie – als Anspielung auf einen Vergleich interpretieren lassen. So könnte durch die Metapher *der Schlaf ist ein Tod* darauf angespielt werden, dass man im Tod *wie* im Schlaf zur Ruhe kommt oder dass man im Tod seiner selbst so wenig bewusst ist *wie* im Schlaf oder dass man im Tod *wie* im Schlaf für Sinneswahrnehmungen unempfindlich ist.

Trivialität, Dauerhaftigkeit und Häufigkeit dieser Metaphern ermöglichen nun zweierlei: Zum einen können sie leicht fortgesetzt werden: Weil Frauen als Blumen bezeichnet werden, *knospen*, *blühen* und *welken* sie häufig, werden womöglich *gepflückt*, sind *Rosen* oder *Lilien* oder gar *Disteln* usw. Hier gibt es ein ganzes Feld zu bestellen, und eben dies eröffnet die zweite poetische Möglichkeit (und sie wird von Borges hervorgehoben): Diese Metaphern sind Grundmuster für eine *fast unendliche* Menge von Variationen. Borges gibt eine Reihe von Beispielen für solche Variationen und das damit verbundene Verbergen von Grundmustern: In Heines Vers *Der Tod, das ist die kühle Nacht* erkennt er das Grundmuster *Der Tod ist ein Schlaf* (denn hier werde auf die verborgene Gleichung durch die Metonymie *Nacht/Schlaf* angespielt).

Borges' Beispiele können aber auch als implizite Erweiterung der Analyse der Metapher als Anspielung auf einen Vergleich gelesen werden. Denn sie zeigen, dass auf die Metapher selbst angespielt werden kann und nicht nur durch eine Metapher auf Vergleiche. *Der Tod, das ist die kühle Nacht* etwa spielt in Borges' Interpretation auf die Metapher an, dass der Tod ein Schlaf ist.

An einem weiteren Beispiel von Borges wird das noch deutlicher: »In der fünften Aventiure des Nibelungenlieds erblickt Siegfried Kriemhild zum ersten Mal und für immer, und das Erste, was wir von ihr hören, ist, dass ihre Haut rosenfarben ist.« Nach Borges wird hier das Metaphern-Grundmuster *Kriemhild ist eine Rose* bzw. *Frauen sind Blumen* durch eine Aussage verborgen, die plausibel als wörtlich interpretiert werden kann. So würde hier also mittels wörtlicher Rede auf eine Metapher oder auf einen Vergleich angespielt – ein Fall, der meines Wissens in der Anspielungs- und Vergleichserklärung gerade nicht vorgesehen ist (wenn er wohl auch mit dieser Erklärung auf bestimmten argumentativen Umwegen vereinbar ist).

Eine implizite Erweiterung der Metaphernanalyse als Anspielung auf einen *Vergleich* kann auch aus Borges' mittelalterlicher Deutung der Sphären-Metapher herausgelesen werden: Denn der Sinn, auf den durch sie angespielt wird – dass Gott in jedem seiner Geschöpfe ist, aber keines ihn beschränkt –, ist gerade kein Vergleich, sondern eine wörtlich zu verstehende Aussage.

Metaphern sind Schläge auf den Kopf

Ich glaube also – und vielleicht mit Borges –, dass die Erklärung einer Metapher als Anspielung auf einen Vergleich nicht beanspruchen sollte, eine Erklärung für alle Arten der Metapher zu sein.

Auch behandeln die Anspielungs- und die Vergleichserklärung einen wichtigen Aspekt der Metapher nicht hinreichend, der gerade für Borges entscheidend ist: nämlich die Rolle der eigentlich metaphorischen Aussage, so auch der Aussage *Gott ist eine intelligible Sphäre, deren Mittelpunkt überall und deren Umkreis nirgendwo ist*. Zufolge der Anspielungserklärung ist sie nur Mittel zum Anspielungszweck.

Wie aber, wenn durch diese Metapher auf gar nichts angespielt würde? Vielleicht ist der *Sinn*, der

der Metapher nach Borges im Mittelalter zugeschrieben wird, gar nicht etwas Angespieltes. Vielleicht sollte jener Sinn eher als ein Versuch verstanden werden, eine *Wirkung* der Metapher in Worte zu fassen. Das *(nahezu) Schauen* (von dem Borges spricht) selbst wäre dann diese Wirkung, deren Resultat in einer eher umständlichen Weise ausgesprochen wird.

Wenn das so ist, dann wäre im Beispielfall (und wohl auch in der Literatur häufig) die metaphorische Aussage nicht Mittel zum Anspielungszweck, sondern das, was eine bestimmte Wirkung hervorzurufen hat. Und gerade diese Ansicht entspricht einer weiteren bekannten sprachphilosophischen Metaphernerklärung, nämlich der von Donald Davidson.

In dem Aufsatz *Was Metaphern bedeuten*[10] argumentiert Davidson, dass es so etwas wie eine *Bedeutung* einer Metapher nicht gibt; genauer, dass eine metaphorische Aussage keine andere als ihre wörtliche Bedeutung hat: Eine Metapher sage das aus, was sie wörtlich aussagt, und nichts anderes. Was an einer Metapher metaphorisch ist, sei daher nichts Aussagehaftes und habe demnach keinen Wahrheitswert. Das Entscheidende der Metapher liege nicht in ihrer Wahrheit oder Falschheit, sondern in ihrer Wirkung. Davidson drückt diese Wirkung metaphorisch aus: Eine Metapher ist ein Schlag auf den Kopf.

Borges stimmt mit Davidson zwar insofern überein, als auch er vor allem auf Wirkungen von bestimmten Metaphern aufmerksam macht – ob er nun von den isländischen *Kenningar* berichtet oder zur Metapher *Ich wollte, ich wäre die Nacht* feststellt: »durch sie möchte uns der Dichter seine Zärtlichkeit, seine Sorge spüren lassen.«

An Davidsons Metaphernerklärung ist vielfach und vielfältige Kritik geübt worden. Ein triftiger Einwand gegen sie scheint mir zu sein, dass sie nicht erklären kann, dass wir – auch beim Lesen literarischer Texte – Metaphern manchmal sehr wohl Wahrheitswerte zuschreiben, und es tatsächlich auf diese Wahrheitswerte ankommt. Wäre beispielsweise Achilles in der *Ilias* als Angsthase dargestellt, dann hielten wir die Metapher, dass Achilles ein Löwe ist, für falsch. Und wenn wir von einer Frau mit roten Wangen sagten, sie sei eine Lilie, so hielten wir auch das wohl für falsch. Und ebenso wenig würden wir über jemanden mit dem Satz *Dein Schlaf heute Nacht war ein Tod* etwas Wahres sagen, wenn er sich im Schlaf unruhig auf dem Bett hin und her gewälzt hat.

Ein zweites Argument gegen Davidsons Metaphernerklärung lese ich aus Borges' Gedanken, dass viele Metaphern – in der Poesie wie im Alltag – ziemlich konventionell und klischeehaft sind, sodass sie keineswegs einem Schlag auf den Kopf gleichen (eben diese Metapher wäre dann falsch!): Zu diesen konventionellen Metaphern mögen gerade Borges' Grundmetaphern zählen wie eben *Frauen sind Blumen, Augen sind Sterne, der Tod ein Schlaf, die Zeit ein Fluss* usw.

Dennoch: Davidsons Erklärung macht immerhin darauf aufmerksam, dass es – jedenfalls beim Lesen von Literatur – manchmal auf den Wahrheitswert einer Metapher nicht ankommt, sondern auf ihre Wirkung. Allerdings – und das scheint mir ein dritter Einwand gegen seine Erklärung zu sein – gilt dasselbe für wörtliche Aussagen in literarischen Texten. Man lese einmal unter diesem Gesichtspunkt die letzten Sätze in Borges' Erzählungen. Sie sind sehr häufig Schläge auf den Kopf – oder wenn nicht Schläge auf den Kopf, dann doch oft so ergreifend und überraschend, dass sie viele Metaphern an Wirkung übertreffen. Ein Beispiel für viele ist das Ende der Erzählung *Tlön, Uqbar, Orbis Tertius*: Nach der Schilderung einer Welt, in der Bischof Berkeleys *esse est percipi* Realität ist und die Folgen dieser ganz und gar wahrnehmungsabhängigen Realität auf das Leben der Menschen und deren Wissenschaften, Literatur und Philosophie geschildert wird, endet die Erzählung mit dem Satz »Zuweilen haben ein paar Vögel oder ein Pferd die Ruinen eines Amphitheaters gerettet.« – Eine Pointe, die ebenso witzig ist, wie sie eine durch die ganze Erzählung vorbereitete Melancholie auszulösen vermag; vielleicht weil sich da mit einem Mal ein Abgrund des Verschwindens auftut, und dies nicht nur in der erzählten Welt.

Es ist deshalb, glaube ich, zweifelhaft, dass Davidsons Ansatz etwas Metaphernspezifisches erklärt. Er beschreibt viel mehr einen wichtigen Aspekt der Rolle vieler Sätze und Aussagen in literarischen Texten, seien diese nun Metaphern oder nicht.

Metaphern sind kognitive Prozesse

Metaphern wie *der Schlaf ist ein Tod, der Tod ist ein Schlaf, das Leben ist ein Traum, Frauen sind Blumen, Blumen sind Frauen, Augen Sterne, Sterne Augen* sind, wie gesagt, für Borges Grundmuster – er nimmt an, dass es von ihnen nur eine geringe Anzahl gibt –, die in der Literatur (vieler Zeiten und Völker) variiert und variierend verborgen werden. Und je nach dem, wie und in welchem Kontext dies geschieht, können diese Metaphern unterschiedliche Wirkungen haben. Borges zeigt eindrucksvoll und überzeugend, wie der Reichtum des Metaphorischen und seiner Wirkungen gerade in jenen Variationen besteht.

Diese Idee, dass es einige wenige – sozusagen in der Tiefe liegende – Metaphernmuster gibt, teilt Borges nun mit einer weiteren Metaphernerklärung, die in den letzten Jahrzehnten bekannt und einflussreich geworden ist, mit jener von Lakoff und Johnson, wie sie unter anderem in ihrem berühmten Buch *Metaphors We Live By* dargelegt ist[11].

Lakoff und Johnson verlegen die Metapher aus dem Bereich der Sprache in den kognitiver nicht-sprachlicher Prozesse, die sie als von der Sprache unabhängig und als *metaphorische Konzepte* begreifen. Dabei kommt es ihnen nicht nur darauf an, dass unterschiedliche sprachliche Metaphern eine gemeinsame kognitive Tiefenstruktur haben, sondern auch – und dieses Moment ist ihnen viel wichtiger –, dass wörtlicher Sprachgebrauch häufig auf kognitiven metaphorischen Operationen beruht:

Lakoff und Johnson zufolge verstehen oder katego-
risieren wir auch dann, wenn wir Sprache wörtlich
zu gebrauchen vermeinen, in dem Sinn metaphorisch, dass wir ein konzeptuelles System auf ein
anderes übertragen. Wenn wir etwa feststellen, dass
wir mitten *in* einem Gespräch oder *in* Gedanken
sind oder dass dieser oder jener Gesichtspunkt *über-*
oder *unter*geordnet ist, dann seien metaphorische
Operationen im Spiel; ebenso, wenn wir von *Begrif-*
fen oder von Begriffs*umfang* oder Begriffs*inhalt*
sprechen oder vom *Inhalt eines Textes* usw. All diesen *conceptual mappings* liegen unsere sinnlichen
Erfahrungen zugrunde. Auf abstrakte oder auf mentale Gegenstände werden Kategorien übertragen, die
von sinnlichen Erfahrungen, in den Beispielfällen
von Raumerfahrungen, herrühren.

Allerdings sind Lakoffs und Johnsons kognitive
Grundmuster bzw. deren metaphorische Inter-
aktionen (*cross-domain-mapping*) nicht genau die
Tiefenstrukturen der Metaphernmuster, die Borges
meint. Denn Borges fasst die Grundmuster als in
erster Linie durch literarische, philosophische oder
historische Traditionen vermittelt auf und daher als
sprachlich oder sprachabhängig. Es ist jedoch auf-
fällig, dass manche Grundmuster von Borges wie *die*
Zeit ist ein Fluss, das Leben ist ein Traum Beispiele
von Lakoff und Johnson sind oder sein könnten.

Die vielfältige Kritik an Lakoffs und Johnsons
Metaphernerklärung kann hier nicht referiert werden. Eine Passage, die als implizite Kritik an ihr gelesen werden kann, finde ich aber bei Borges selbst:
»Ich glaube aber, wir alle spüren den Unterschied

zwischen toten und lebendigen Metaphern. Wenn wir irgendein gutes etymologisches Wörterbuch zur Hand nehmen […] und ein beliebiges Wort nachschlagen, können wir sicher sein, dort irgendwo eine Metapher verborgen zu finden. […] Wenn wir uns um abstraktes Denken bemühen, müssen wir sogar vergessen, dass Wörter Metaphern waren. Zum Beispiel müssen wir vergessen, dass das Wort *consider* (bedenken, berücksichtigen etc.) einen Verweis auf Astrologie enthält – *consider* bedeutete ursprünglich *mit den Sternen sein, ein Horoskop erstellen*.« Borges fährt fort: »Bedeutend an der Metapher ist […], dass sie vom Leser oder Zuhörer als Metapher empfunden wird.«

Diese implizite Kritik ließe sich übrigens auch auf Hans Blumenbergs Metaphorologie übertragen, für die bestimmte Metaphern für das philosophische Denken bestimmter historischer Zeiträume grundlegend sind: ob nun die Metapher des Buchs, des Lichts oder der Schifffahrt bzw. des Schiffbruchs. (Das sind nicht zufällig Metaphern, die auch Borges als Grundmetaphern erwähnt oder erwähnen könnte.) Wenn wir aber dann, wenn wir philosophieren, wie Borges mit Recht feststellt, sogar vergessen müssen, dass die Wörter, die wir verwenden, Metaphern waren – sind es dann tatsächlich Metaphern, die unser Denken bedingen oder bedingen Metaphern unser abstraktes Denken gerade dann nicht, wenn wir ihre Etymologie vergessen haben?

Jedenfalls beschränkt sich Borges in seinen Bemerkungen auf als solche empfundene Metaphern; auf Metaphern, die also in bestimmten Kontexten tatsächlich als solche vermittelt sind. Was Borges hier am Beispiel der etymologischen Entdeckung von einstigen Metaphern feststellt, lässt sich auch Lakoffs und Johnsons und Blumenbergs Idee der konzeptuellen Metaphern entgegenhalten: dass man *Metapher* nur das nennen sollte, was in einem gegebenen Kontext als Metapher empfunden wird oder zumindest plausibel als Metapher interpretiert werden kann. Wenn diese Forderung vielleicht in dieser Allgemeinheit selbst zweifelhaft sein mag, so ist sie es, glaube ich, keineswegs, wenn es sich um Metaphern in literarischen Texten handelt.[12]

Metaphern als Katachresen

Alle bisher skizzierten Formen des Umgangs mit Metaphern haben gemeinsam, dass der Wahrheitswert der metaphorischen Aussage selbst nicht der Wahrheitswert der Metapher ist: Für die Anspielungs- bzw. die Vergleichserklärung ist die metaphorische Aussage nur ein Mittel, um auf eine Aussage anzuspielen, deren Wahrheitswert erst jener der Metapher ist. Für die Erklärung nach Davidson hat die metaphorische Aussage nur eine wörtliche Bedeutung und einen Wahrheitswert, der nicht nur kein Wahrheitswert der Metapher, sondern zudem für die Wirkung der Metapher irrelevant ist: Die Metapher ist ein Schlag auf den Kopf. Für Lakoff und Johnson schließlich kommt der Wahrheitswert der Metapher nicht in Betracht, da sie bestimmte tiefenstrukturelle kognitive Vorgänge als metaphorisch erklären und sich nicht damit befassen, welcher Wahrheitswert einer sprachlichen Metapher (die auf solchen kognitiven Vorgängen beruht) in bestimmten Kontexten zugeschrieben wird. Analoges gilt für Blumenbergs Metaphernkonzeption.

Manche von Lakoffs und Johnsons Beispielen haben aber Merkmale, die für das Lesen literarischer Texte äußerst folgenreich sein können:

Zum einen sind uns jene konzeptuellen metaphorischen Operationen (einmal angenommen, es gibt sie wirklich) beim Sprechen oder Lesen verborgen und können gerade deshalb – nicht anders als die im Sarg der Etymologie ruhenden einstigen Metaphern – in der Literatur wirkungsvoll zum Leben erweckt werden. Das gilt insbesondere für Komponenten der Grammatik wie Präpositionen, Präfixe und Adverbien, die ansonsten kaum einmal Kandidaten für Metaphern sind. Und sie könnten insofern eine ähnliche Rolle spielen wie Borges' unter Variationen verborgene Metaphern-Grundmuster.

Zum anderen scheint mir für die Literatur folgenreich, dass konzeptuelle Operationen, die Lakoff und Johnson (metaphorisch gesprochen) unterhalb der Sprache ansiedeln, in literarischen Texten als metaphorisch empfunden oder interpretiert werden können: sprachliche Metaphern also, durch die Dinge gleichgesetzt werden, obwohl sie (bestimmten Hintergrundannahmen zufolge) unterschiedlichen Kategorien angehören. Eben diese Metaphern nenne ich *katachrestisch* – und dies hier vor allem deshalb, weil sie etwas metaphorisch bezeichnen, für das es sonst keine Bezeichnung gibt.[13]

Ein einfaches Beispiel: Wir reden davon, dass Gefühle *tief* sind. Was bedeutet es nun, eine solche, sehr geläufige Ausdrucksweise, die zumeist wörtlich zu verstehen ist, dennoch als metaphorisch zu empfinden oder zu interpretieren? Ich glaube: Es bedeutet, zu bemerken, dass ein Ausdruck wie *tief* in der Aussage, dass Gefühle tief sind, auf bestimmte Weise angewendet wird – nämlich vor Hintergrundannahmen, die mit dem Vorkommen von *dieses Gefühl* und *tief* verbunden sind. Zum Beispiel: Etwas, das tief ist, wird als etwas angenommen, das räumlich und sinnlich wahrnehmbar ist; zugleich wird jedoch angenommen, dass Gefühle nichts Räumliches und nicht sinnlich wahrnehmbar sind. Dennoch wird ausgesagt, dass dieses Gefühl tief ist. Das Ergebnis ist eine Aussage, für die gilt, dass – bedingt durch jene Hintergrundannahmen – logisch ausgeschlossen ist, dass sie wahr sein kann. Wenn ein solcher Widerspruch und/oder ein entsprechender Konflikt beim Lesen einer Aussage wie *Dieses Gefühl ist tief* empfunden oder interpretiert wird, dann empfinden oder interpretieren wir die Aussage als Metapher – allerdings als eine Metapher, die aus logischen Gründen gar nicht wahr sein kann.

Man könnte sich an diesem Punkt damit zufriedengeben und – wie es alle erwähnten Metaphernanalysen tun – behaupten, dass es auf den Wahrheitswert der als metaphorisch verstandenen Aussage selbst nicht ankomme. Doch dagegen spricht ein spezifisches Merkmal, das die (eben deshalb von mir so bezeichneten) *katachrestischen* Metaphern haben: Sie lassen sich nicht plausibel durch eine wörtliche Aussage ersetzen, sei diese nun ein Vergleich oder nicht. Man kann also *tief* in vielen Fällen nicht plausibel durch einen wörtlich zu verstehenden Ausdruck ersetzen (sondern allenfalls durch Wörter, die nicht weniger metaphorisch sind).

Wenn nun aber jene Annahmen gegeben sind, durch die logisch ausgeschlossen ist, dass etwa die Aussage *Dieses Gefühl ist tief* wahr sein kann – wie kann sie dann dennoch wahr sein?

Hier kommt nun, glaube ich, das ins Spiel, was Borges *Schauen*[14] nennt: Vielleicht schauen wir beim Lesen eines literarischen Textes, dass das gemeinte Gefühl – im Widerspruch zu unseren Hintergrundannahmen – tatsächlich tief ist. Oder wir schauen es wenigstens *nahezu*. Und deshalb halten wir die Metapher für wahr, und was wir für wahr hielten, wäre dann die metaphorische Aussage selbst. Oder wir zweifeln wenigstens daran, dass sie falsch ist; wir wissen nicht mehr, ob sie wahr oder falsch ist.

Wollten wir uns Rechenschaft über unser Schauen und unsere Wahrheitswertzuschreibung geben, dann müssten wir allerdings Annahmen verändern, die wir mit *dieses Gefühl* oder mit *tief* verbinden. Wir könnten dann beispielsweise annehmen: Gefühle sind tatsächlich räumlich, wenn auch nicht räumlich im selben Sinn wie eine durch die Sinne erfahrene Räumlichkeit. So ähnlich vielleicht, wie es bei Bergson und mit ihm wohl bei Proust eine innere Zeit, eine *temps-durée*, gibt – die nicht die physikalische Zeit der Uhren ist –, so gibt es vielleicht einen anderen Raum als den physikalischen, einen inneren Raum, etwas wie Rilkes *Weltinnenraum*.

Womöglich also können wir beim Lesen von Literatur und insbesondere durch katachrestische Metaphern erkennen, dass Dinge anders liegen und deshalb anders kategorisiert werden können und sollten, als wir gewohnt sind; und vielleicht können wir dadurch andere Dinge erkennen (die wir mit unseren vertrauteren Kategorisierungen nicht erkennen können). Hier scheint sich ein Erfahrungs- und Erkenntnisgebiet für die Literatur zu eröffnen, das den Sinnen und mit ihnen wörtlicher Bezeichnung entzogen ist, ein Gebiet, dessen Gegenstände und Merkmale nur durch metaphorische Katachrese bezeichnet werden können. Und hier eröffnen sich vielleicht jene mythischen oder mythologischen Bereiche, von denen Borges sich so sehr angezogen fühlt.

Dass die katachrestische Metapher in Borges' Schriften eine wichtige Rolle spielt, schließe ich nicht nur aus seinen Bemerkungen zur Metapher, sondern auch aus manchen seiner literarischen Texte, etwa aus dieser englischen Übersetzung einiger Verse seines Gedichtes *Emanuel Swedenborg*:

> *Taller than the rest, that distant*
> *Man would walk among men, faintly*
> *Calling out to angels, speaking*
> *Their secret names. What earthly eyes*
> *Cannot see he saw: the burning*
> *Geometries, the crystalline*
> *Labyrinth of God, the sordid*
> *Whirling of infernal delights.*
> [...]

Burning *Geometries, the crystalline* Labyrinth *of God, the* sordid whirling *of infernal delights* – eben diese Metaphern könnten plausibel als katachrestisch interpretiert werden.

Eben dies gilt für viele der Borges'schen Grundmetaphern: etwa dafür, dass die Welt wie ein Buch ist; dass ein Buch (ein Text) das Universum ist; dass das Aleph oder die Bibliothek oder der Zahir das Universum ist.

Diese Art der katachrestischen Metapher zeichnet sich dadurch aus, dass die Ausdrücke, die in ihnen vorkommen, innerhalb der Erzählung selbst nicht oder nicht ausschließlich metaphorisch gebraucht werden: Denn Ausdrücke wie *Bibliothek* (von Babel), *Zahir* oder *Aleph* werden in Borges' Erzählungen auch wörtlich gebraucht. Ihr metaphorischer Gebrauch erschließt sich deshalb erst durch das Verstehen der ganzen Erzählung im Verein damit, dass jene Ausdrücke auch Erzählungstitel sind. Insofern nun die Bibliothek von Babel, das Aleph oder der Zahir als sinnlich wahrnehmbare Gegenstände erzählt werden, doch zugleich für das ganze Universum stehen und damit auch für seine nicht sinnlich wahrnehmbaren, etwa seine abstrakten oder auch mentalen Komponenten, sind diese Metaphern im skizzierten Sinn katachrestisch.

Eine enigmatische Frage als Abschluss: Wenn es nun literarische Texte, ja einzelne Verse sind, aus denen, wie Borges' Bemerkungen zeigen, sehr unterschiedliche Konzeptionen des Metaphorischen plausibel herausgelesen werden können – sind dann die skizzierten Metapherntheorien im Sinne des Erzählers in *Tlön, Uqbar, Orbis Tertius* nicht selbst Metaphysik und als solche Zweig einer fantastischen Literatur?

One or two cultures? Für Oswald Wiener

Vorbemerkung

Oswald Wieners Dichten und Denken, das mich bewegt, beinahe seit ich literarisch zu schreiben begonnen habe, verdanke ich mehr, als ich in wenigen Sätzen sagen kann.

Wieners Gedanken, mit denen er, spätestens seit Ende der sechziger Jahre, auf eine naturwissenschaftliche Theorie menschlicher Kognition abzielt, sind für mich eine Herausforderung, da jenes Ziel eine Einschränkung, ja eigentlich eine Zurückweisung nicht der Literatur, der Poesie selbst, so doch ihres Erkenntnisanspruchs enthält. Für Wiener scheitert Literatur zwangsläufig in ihrem Anspruch, wie er es nennt, *klare* Erkenntnis zu sein; klare Erkenntnis ist für ihn, wenn ich ihn richtig verstehe, nur mittels naturwissenschaftlicher Theorien möglich, Literatur dagegen habe bestenfalls den Wert des Weges zu einer solchen Theorie. Zum einen, indem sie Sensibilität und Kompetenz für den Umgang mit Sprache und für Selbstbeobachtungen steigern könne; andererseits, indem die Beobachtung von Dichtern und Rezipierenden von Dichtungen (und da schließt Wiener sich wohl selbst bzw. seine literarischen Arbeiten ein) als instruktive Beispiele für fundamentale Mechanismen der Kognition fungieren können. Dennoch: Man ermisst nach Wiener erst dann die eigentliche Bestimmung von Literatur, wenn man einsieht, dass naturwissenschaftliche Kognitionstheorien das sind, wonach Literatur dunkel und ohnmächtig analogisierend strebt. Als wäre erst eine solche Theorie die im Hegelschen Sinn des Wortes aufgehobene Literatur.

Ich will oder kann Wieners Zurückweisung des Erkenntnisanspruchs von Poesie nicht akzeptieren. Was aber entgegensetzen? Und warum eigentlich etwas entgegensetzen? Ist die Poesie als Mittel klarer Erkenntnis nicht tatsächlich denkbar ungeeignet? Ist sie nicht eigentlich ein absonderlicher Atavismus, ein mythisch-vorbegrifflicher Rest, ganz ähnlich, wie es die Religionen sein mögen? Ich weiß keine endgültige Antwort auf diese Fragen.

1

Der Titel dieses Essays bezieht sich auf Charles Percy Snows *The Two Cultures and the Scientific Revolution* (1959). Snow, Physiker, aber auch Autor von Romanen, behauptet in diesem Text, dass die westliche Kultur in zwei Kulturen zerfallen ist. Die eine nennt er, englischem Sprachgebrauch gemäss, *science*, die andere *humanities*. Für Snow war, wenn ich das richtig in Erinnerung habe, jener Zerfall Anlass zu einem generellen Kulturpessimismus. Diesen teile ich nicht ohne Weiteres (denn Zerfall kann kulturell durchaus wünschenswert sein), ich teile aber seine Diagnose: Dass die beiden Kulturen in vielen Hinsichten unvereinbar sind, meine ich jedenfalls oft genug im Umgang mit naturwissenschaftlich

Orientierten erlebt zu haben. Ein *Mann ohne Eigenschaften*, jemand, der in den *humanities* und in einer *science* gleichermaßen zu Hause ist, ist kaum zu finden und vielleicht heute schwer möglich. Da sich, wie ich meine, der von Snow diagnostizierte Zerfall besonders deutlich an den Extremen Naturwissenschaft und Poesie zeigt, stelle ich je ein Beispiel aus diesen beiden Bereichen einander gegenüber.

2

Mit dem Einverständnis Oswald Wieners zitiere ich eine Stelle aus einem Brief an mich aus dem Jahre 2009: »Ich verstehe Deinen Ausdruck *mögliche ontologische Konsequenzen von Metaphern* noch nicht.«

Ein partielles Verständnis jenes *Ausdrucks* herzustellen und eben dadurch die weitreichende Unvereinbarkeit von *science* und *humanities* nahezulegen, ist das Ziel dieses Essays.

Die Anfangsverse des *Paradiso, Canto I* aus Dante Alighieris *Commedia*:

> *La gloria di colui che tutto move*
> *per l'universo penetra, e risplende*
> *in una parte più e meno altrove.*
> *Nel ciel che più de la sua luce prende*
> *fu' io, e vidi cose che ridire*
> *né sa né può chi di là sù discende;*

In Hartmut Köhlers prosaischer Übersetzung (aus der ich auch im Folgenden zitiere)[15]:

> *Die Herrlichkeit dessen, der alles bewegt, durchdringt*
> *das Weltall und erstrahlt in einem Teil mehr, anderswo weniger.*
> *Im Himmel, der das meiste Licht von ihr empfängt,*
> *war ich, und Dinge sah ich, die kann keiner wiedergeben,*
> *der je von dort oben zurückgekehrt.*

Im 4. und 5. Vers also findet sich diese Aussage:

> *Im Himmel, der das meiste Licht von ihr empfängt, / war ich (...)*

Das Pronomen *ihr* bezieht sich auf die Herrlichkeit Gottes, die das Weltall durchdringt und in verschiedenen Helligkeitsgraden erstrahlen lässt.

Das Ich der Verse trägt, kontextuellen Hinweisen zufolge, den Namen *Dante*. Für eine Art Gedankenexperiment nehme ich an – im Bewusstsein der Zweifelhaftigkeit dieser Annahme –, dass der Name *Dante* den realen Dante bezeichnet und dieser in der *Commedia* von Paradieserfahrungen berichtet, die er gemacht zu haben glaubt und, zurück auf der Erde, wiedergeben will.

Nun sagt Dante in den zitierten Versen auch, dass er im Paradies Dinge sah, die er nicht wiedergeben kann. Das ist aber nicht sein letztes Wort dazu. Denn ab Vers 12 des *Canto 1* ruft er Apollo, den Gott des Gesangs, der Poesie und der Künste um Beistand an:

> *O buono Appollo, a l'ultimo lavoro*
> *fammi del tuo valor sì fatto vaso,*
> *come dimandi a dar l'amato alloro.*

In der Übersetzung:

> *O edler Apollon, mach mich fürs letzte Werk*
> *   so zum Gefäß deiner Kraft,*
> *wie du's verlangst, um den geliebten Lorbeer*
> *   zu gewähren.*

Allerdings bittet Dante Apollo nicht um die Kraft, seine Paradieserfahrungen selbst, sondern nur darum, ihr Schattenbild in seinem Gedächtnis wiederzugeben:

> *O divina virtù, se mi ti presti*
> *tanto che l'ombra del beato regno*
> *segnata nel mio capo io manifesti,*

In der Übersetzung:

> *O göttliche Kraft, wenn du dich so weit mir*
> *vergönnst, dass ich das Schattenbild des glück-*
> *seligen Reiches kundtun kann, wie es sich*
> *meinem Kopf eingeprägt hat.*

Dass Dante lediglich um die Wiedergabe eines schattenhaften Erinnerungsbildes bittet, lese ich als Demutsgeste und als *captatio benevolentiae*, die die Inspiration durch Apollo ermöglichen sollen. Die Schönheit, die Pracht der Verse, aber auch der Detailreichtum der Beschreibungen und nicht zuletzt die ausgefeilten theologischen und philosophischen Reden zum Beispiel von Beatrice, Thomas von Aquin, von Bonaventura und Bernhard von Clairvaux sind dann das Zeugnis der Inspiration Apollos, durch die im *Paradiso* nicht nur ein schattenhaftes Erinnerungsbild, sondern tatsächlich das wiedergegeben ist, was Dante im Paradies zu erfahren geglaubt hat.

3

Die Aussage *Im Himmel, der das meiste Licht von ihr empfängt, war ich (...)* ist eine unter vielen im *Paradiso*, deren Gegenstand das Licht oder dessen Erscheinungsformen, Eigenschaften und Beziehungen ist. So ist vom Leuchten, Strahlen, von einer Glut, von Helligkeit, von Glanz und Feuer die Rede – von einer Reihe von, wie ich es hier nenne, *Lichtdingen*, die durch *Lichtbegriffe* bezeichnet werden sollen. Ihre Anwendung wird (wie von Begriffen bei sprachlichen Aussagen zumeist) durch unausdrücklich gegebene Hintergrundaussagen geregelt.

Eine dieser Aussagen sei:

Alle Lichtdinge sind sinnlich wahrnehmbar oder mindestens physikalisch. (Aussage 1)

Dass diese Aussage *eine* Anwendung der Lichtbegriffe regelt, wird im *Paradiso* nahegelegt. Denn
wenn Dante in den zitierten Versen feststellt, dass
die irdische Sprache nicht ausreicht, um das wiederzugeben, was er glaubt, im Paradies erfahren zu
haben, dann einerseits deshalb, weil auf Erden nur
sinnlich wahrnehmbare oder mindestens physikalische Lichtdinge erfahren und deshalb Lichtbegriffe
nur auf diese Lichtdinge angewendet werden können, und andererseits, weil das Paradies ein Bereich
ist, der weder sinnlich wahrnehmbar noch physikalisch ist. Daher regelt die folgende Hintergrundaussage die Anwendung der Lichtbegriffe im *Paradiso*:

*Alles im Paradies ist weder sinnlich wahrnehmbar
noch physikalisch.* (Aussage 2)

Diese Aussage wird zum Beispiel im *Canto 2* des
Paradiso, Verse 51–54 angedeutet:

*Ella sorrise alquanto, e poi «S'elli erra
l'oppinïon», mi disse, «d'i mortali
dove chiave di senso non diserra,*

In der Übersetzung:

Sie [Beatrice] *lächelte ein wenig und erwiderte
dann: »Wo doch
das Meinen der Sterblichen irrt, sobald die Sinne
nicht mehr als Schlüssel öffnen (…)*

Dass Dante nur die irdische Sprache, die auf irdischen Erfahrungen beruht, zur Verfügung hat, ist der eine Grund für seine Anwendung von Lichtbegriffen, obwohl diese doch – vor dem Hintergrund der Aussage, dass alle Lichtdinge sinnlich wahrnehmbar oder mindestens physikalisch sind, und der Aussage, dass alles, was es im Paradies gibt, weder sinnlich wahrnehmbar noch physikalisch ist – nicht das bezeichnen können, was er im Paradies erfahren zu haben glaubt.

Als einen zweiten Grund für Dantes Anwendung von Lichtbegriffen nehme ich an, dass Dante zu erfahren geglaubt hat, dass die sinnlich wahrnehmbaren oder mindestens physikalischen Lichtdinge und die paradiesischen Lichtdinge analog geordnet sind. Dante vermeint dann, entdeckt zu haben, dass sich im Paradies das mit Lichtbegriffen Bezeichnete in vielen wichtigen Hinsichten so verhält wie das, was auf der Erde mit Lichtbegriffen bezeichnet wird: Wenn das irdische Licht leuchtet, strahlt, hell ist usw., so gibt es im Paradies etwas, das der Beziehung Licht/leuchten, Licht/strahlen, Licht/hell usw. entspricht. Dieser Analogie wegen glaubt Dante, dass die irdischen Lichtbegriffe immerhin dazu geeignet sind, eine Ordnung von Paradiesdingen zu bezeichnen. Nimmt man dies an, dann regelt eine weitere Hintergrundaussage Dantes Anwendung von Lichtbegriffen:

Die irdischen Lichtdinge und jene Dinge im Paradies, die mit Lichtbegriffen bezeichnet werden, sind analog geordnet. (Aussage 3)

46

Gilt Aussage 3, dann können Aussagen über die beiden analogen Ordnungen wahr sein; zum Beispiel die Aussage: So wie das sinnlich wahrnehmbare oder physikalische Licht sich zu seinem Strahlen verhält, so verhält sich das im *Paradiso* mit dem Begriff *Licht* Bezeichnete zu dem, was im *Paradiso* mit dem Begriff *Strahlen* bezeichnet ist.

Das ändert nun aber nichts daran, dass die meisten Aussagen über das, was im Paradies mit Lichtbegriffen bezeichnet wird, dann falsch sind, wenn weiterhin Aussage 1 gilt, also, dass alle Lichtdinge sinnlich wahrnehmbar oder mindestens physikalisch sind.

Falsch ist dann auch die Aussage aus den zitierten Versen

> *Im Himmel, der das meiste Licht von ihr*
> *empfängt, / war ich (...)*

Diese Aussage kann – wie alle anderen Aussagen über Lichtdinge, in denen keine Negation vorkommt – nur dann wahr sein, wenn man Aussage 1 aufgibt. Ersetzt man sie zum Beispiel durch die Aussage

Einige Lichtdinge sind nicht sinnlich wahrnehmbar und nicht physikalisch. (Aussage 4),

dann kann

> *Im Himmel, der das meiste Licht von ihr*
> *empfängt, war ich (...)*

47

wahr sein – auch wenn sie selbstverständlich nicht wahr sein muss.

Aber warum soll Dante Aussage 1, dass alle Lichtdinge sinnlich wahrnehmbar oder mindestens physikalisch sind, aufgeben, da sie doch auf seiner normalen, gewohnten, auf seiner irdischen Erfahrung beruht, eine Aussage, die in unzähligen Zusammenhängen aus guten Gründen für wahr gehalten wird?

Der Grund für diese Ersetzung ist, so interpretiere ich, dass Dante nicht nur glaubt, erfahren zu haben, dass die Ordnung von irdischen Lichtdingen mit dem, was er im Paradies mit Lichtbegriffen bezeichnet, analog ist, sondern auch, dass jene Analogie so fundamental und weitreichend ist, dass er glaubt, eine Art Licht entdeckt zu haben, für das nicht gilt, dass es sinnlich wahrnehmbar oder mindestens physikalisch ist.

Gibt Dante Aussage 1 auf, dass alle Lichtdinge sinnlich wahrnehmbar oder physikalisch sind, dann kann er, wie gesagt, einige Aussagen im *Paradiso* für wahr halten, die er – wenn Aussage 1 gilt – für falsch halten muss. Dante hätte dann aufgrund dessen, was er für seine Erfahrungen hält, die Wahrheitsbedingungen für Aussagen über Lichtdinge verändert: Alle Lichtbegriffe wären erweitert, eine – wie ich es hier und in meinem Brief an Oswald Wiener nenne – *ontologische Revision* wäre vorgenommen.

4

Ein Forschungstand in einer Zoologie enthalte die Aussage, dass alle Schwäne weiß sind. Ein Zoologe beobachtet aber Vögel, glaubt daher, bestimmte Erfahrungen zu machen und dabei gemeinsame Eigenschaften von weißen Schwänen und einigen schwarzen Vögeln zu entdecken, und sagt deshalb aus, dass einige schwarze Vögel und alle Schwäne gemeinsame Eigenschaften haben.

Diese gemeinsamen Eigenschaften können dann – im Paradigma der Zoologie – als so relevant erachtet werden, dass die Aussage *Alle Schwäne sind weiß* durch die Aussage, dass es weiße und schwarze Schwäne gibt, ersetzt wird.

Die Zoologie entschließt sich also, einige schwarze Vögel als Schwäne zu klassifizieren und den Begriff des Schwans entsprechend zu erweitern. Deshalb können einige Aussagen über einige Vögel, die bei Geltung der Aussage, dass alle Schwäne weiß sind, für falsch gehalten werden mussten, nun für wahr gehalten werden.

Ich halte fest: Dante und der Zoologe tun in einigen Hinsichten dasselbe. Sie glauben Erfahrungen zu machen, die sie veranlassen, den Gebrauch bestimmter Begriffe zu erweitern, in diesem Sinn eine ontologische Revision vorzunehmen – Dante erweitert den Begriff der Lichtdinge, der Zoologe den Begriff des Schwans.

Allerdings gibt es einen wichtigen Unterschied zwischen der zoologischen Revision und der Dantes: Diejenige Dantes ist ungleich radikaler, da die

Begriffe *sinnlich wahrnehmbar* und *physikalisch* in der Regel auf eine sehr viel größere Menge von Dingen angewendet werden und also allgemeiner sind als der Begriff des Schwans: Nicht nur Licht ist, wie wir auf Erden gewohnt sind anzunehmen, sinnlich wahrnehmbar oder mindestens physikalisch, sondern sehr viele andere Dinge: Steine, Sterne, Vögel, Tiere, Pflanzen, Flugzeuge, Atome usw., ja vielleicht überhaupt alle Dinge, die durch die Naturgesetze beschreibbar sind.

Eine Revision dagegen, die annimmt, dass es Lichtdinge gibt, die nicht sinnlich wahrnehmbar oder mindestens physikalisch sind, könnte, wenn sie zu Aussagen führt, die wir aus guten Gründen für wahr halten, unsere gewohnten Ontologien, unser Weltbild fundamental erschüttern. Eine solche Erschütterung wäre wohl auch von der Erfahrung einer transzendenten Wirklichkeit, wie sie das Paradies sein soll, zu erwarten.

5

Wir sind nicht Dante, sondern Leser von Poesie, zum Beispiel der *Commedia*, Leser auch des Canto 1 des *Paradiso*, des Verses

Nel ciel che più de la sua luce prende / fu' io (...)

Im Himmel, der das meiste Licht von ihr empfängt, / war ich (...)

Warum geht es uns Leser etwas an, wenn Dante, der Paradieserforscher, alle Lichtbegriffe aufgrund dessen, was er für seine Erfahrungen hält, so erweiterte, dass sie auf einige Dinge angewendet werden können, die weder sinnlich wahrnehmbar noch physikalisch sind?

Uns geht das zum einen deshalb etwas an, weil im *Paradiso* (wie immer unausdrücklich) ausgesagt wird, dass es Lichtdinge gibt, die nicht sinnlich wahrnehmbar und nicht physikalisch sind.

Und zum anderen geht uns das deshalb etwas an, weil die Poesie, weil literarische Texte überhaupt, nicht einfach aus Aussagen über ihre Gegenstände bestehen, sondern auch einen textbedingten Erfahrungszusammenhang zwischen Aussagen und ihren Gegenständen herzustellen suchen und dadurch zu den Erfahrungen des Ausgesagten beitragen wollen. Wenn daher im *Paradiso* etwas über Lichtdinge ausgesagt wird, dann so, dass durch die Art und Weise ihres Ausgesagtseins etwas über sie erfahren werden kann oder sogar sie selbst erfahren werden können.

Generell und in einer Terminologie Bertrand Russels: Die Poesie will nicht nur ein *knowledge by description* sein (das will sie auch), sie will nicht nur ein theoretisches Wissen herstellen, sondern auch zu einem *knowledge by acquaintance*[16] beitragen, zu einer unmittelbaren Bekanntschaft mit Gegenständen von Aussagen; sie will dann aussagen und zugleich die Gegenstände ihrer Aussagen präsentieren und damit mindestens einige Eigenschaften von ihnen oder sogar sie selbst erfahrbar machen.

Reime, Assonanzen, Alliterationen, Rhythmen, grammatikalische bzw. syntaktische Formen, überhaupt alle sprachlichen Eigenschaften, aber auch das, was eben diese auslösen sollen, beispielsweise Vorstellungen, Assoziationen, ja Anmutungen, Ahnungen und Emotionen usw. sollen die Erfahrbarkeit der Gegenstände von Aussagen unterstützen oder diese sogar hervorrufen.

Das würde dann aber im *Paradiso* auch für die Hintergrundaussagen gelten, die die Anwendung von Lichtbegriffen regeln, also für

Alle Lichtdinge sind sinnlich wahrnehmbar oder mindestens physikalisch. (Aussage 1)

Alles im Paradies ist weder sinnlich wahrnehmbar noch physikalisch. (Aussage 2)

Die irdischen Lichtdinge und jene Dinge im Paradies, die mit Lichtbegriffen bezeichnet werden, sind analog geordnet. (Aussage 3)

Einige Lichtdinge sind nicht sinnlich wahrnehmbar und nicht physikalisch. (Aussage 4)

Auch diese Aussagen selbst sollen dann mindestens dazu beitragen, ihre Gegenstände erfahren zu können.

Nun gibt es aber – so man überhaupt annimmt, es gibt Lichtdinge – einen Widerspruch zwischen der Aussage, dass alle Lichtdinge sinnlich wahrnehmbar oder mindestens physikalisch sind (Aussage 1), und der Aussage, dass einige Lichtdinge nicht sinnlich wahrnehmbar und nicht physikalisch sind (Aussage 4).

Wenn es sich daher so verhält, dass die Aussagen selbst mindestens dazu beitragen sollen, das in ihnen Ausgesagte zu erfahren, dann auch die Aussage 1

Alle Lichtdinge sind sinnlich wahrnehmbar oder mindestens physikalisch.

und die Aussage 4

Einige Lichtdinge sind nicht sinnlich wahrnehmbar und nicht physikalisch.

Deshalb können unsere – auch textbedingten – Erfahrungen des Gegenstandes von Aussage 1 so sein, dass wir Aussage 4 zurückweisen und zu dem Schluss kommen, dass die Lichtbegriffe, so wie sie im *Paradiso* verwendet werden, nicht zu erweitern seien und keine Lichtdinge bezeichnen, sondern etwas anderes – zum Beispiel mentale Zustände der Euphorie, des Überschwangs, des Glücks usw. – etwas womöglich durchaus Irdisches also. Den meisten von uns liegt dieser Schluss wohl viel näher als derjenige, der zur ontologischen Revision, zur Erweiterung der Lichtbegriffe führt.

Ebenso gut möglich aber, dass wir – nicht zuletzt wegen jenes Widerspruchs unserer textbedingten Erfahrungen der Gegenstände von Aussage 1 und Aussage 4 nicht sicher sind und offenlassen, ob jene ontologische Revision vorzunehmen ist oder nicht. Dieses Offenlassen scheint mir charakteristisch für den Umgang mit vielen literarischen Texten, ja mit Kunstwerken überhaupt.

Möglich aber ist eben schließlich auch, dass textbedingte Erfahrungen der Gegenstände von Aussage 1 und Aussage 4 zu einer ontologischen Revision führen. Ob nun Dante selbst das Paradies zu erfahren geglaubt hat oder nicht: Wir können, wenn wir, bedingt durch das Lesen des *Paradiso*, glauben, bestimmte Erfahrungen der Gegenstände von Aussagen zu machen, uns veranlasst fühlen, die Lichtbegriffe so zu erweitern, dass sie auf nicht sinnlich wahrnehmbare und nichtphysikalische Dinge zutreffen können.

Eben dann wäre jene ontologische Revision aufgrund von poesiebedingten Erfahrungen vorgenommen, nach der Oswald Wiener in jenem Zitat aus seinem Brief fragt.

Dass die Konstellation der Aussagen 1, 2, 3 und 4 Komponenten einer Metapher sind, einer, wie sie manchmal genannt wird, *katachrestischen Metapher*, sei hier nur erwähnt. Doch für das Gegebensein einer katachrestischen Metapher sind noch weitere Komponenten notwendig. Eine von ihnen ist, dass auch der Widerspruch zwischen jenen Aussagen vermittelt sein muss und es also nicht ausreicht, dass er nur gegeben ist. Das genauer zu erläutern, wäre Aufgabe eines anderen Texts.[17]

6

Wie aber hängt das alles mit der Frage nach den *one or two cultures* von Charles Percy Snow zusammen?

Eine Antwort darauf findet sich, wie ich meine, durch den Vergleich von Gründen für die ontologische Revision des Begriffs des Schwans in der Zoologie mit jenen für eine ontologische Revision von Begriffen in der Poesie.

In der Zoologie beruht die ontologische Revision auf der Beobachtung von als jenseits der Sprache angenommenen Dingen. Und diese Beobachtungen werden unterschieden von der Klassifikation dieser Dinge bzw. von den Aussagen, die jene ontologische Revision in der Zoologie darlegen oder voraussetzen.

Es ist deshalb in einer Zoologie, keineswegs ein Ziel, die Beobachtung, die Erfahrung schwarzer Vögel, ihrer Eigenschaften, Beziehungen usw. *textbedingt* zu machen. Das Ziel eines zoologischen Textes ist ausschließlich das, was Russel *knowledge by description* nennt.

Die Poesie dagegen will einen Erfahrungszusammenhang von *knowledge by description* und *knowledge by acquaintance* herstellen.

Man sollte sich, glaube ich, klarmachen, wie fehlgeleitet, ja geradezu verrückt dieser Versuch, Aussagen und die Erfahrung ihrer Gegenstände voneinander abhängig zu machen, aus der Perspektive einer *science* ist. Mindestens in den empirischen und in den formalen Wissenschaften muss möglichst ausgeschlossen werden, einen Erfahrungszusammenhang von *knowledge by description* und *knowledge by acquaintance* herzustellen. Vertrauenswürdigkeit und Erfolge der *science* beruhen auch auf dem Gelingen dieses Ausschlusses.

Oswald Wieners bewundernswerte Insistenz, bei seinem wissenschaftlichen Projekt einer Denktheorie, Sprache und Introspektion nicht zu vermischen, ja möglichst scharf voneinander zu unterscheiden, sein Einspruch gegen das, was er als die Überschätzung der Sprache empfindet, verstehe ich in diesem Sinn.

Die einzige denkbare *epistemische* Rechtfertigung für jene Poesie-Verrücktheit kann sein, dass es tatsächlich Gegenstandsbereiche gibt, für die sowohl der Erfahrungs- als auch der Textbegriff empirischer Wissenschaften ungeeignet sind, während diese Bereiche doch und vielleicht sogar vor allem für die Erforschung durch die Poesie geeignet sind.

Hier war allerdings nur von der Poesie die Rede. Snow spricht aber generell von dem, was er *humanities* nennt.

Ich glaube aber, dass die Poesie und insbesondere die von ihr gesuchte wechselseitige Abhängigkeit von *knowledge by description* und *knowledge by aquaintence* weitreichende Auswirkungen auf den Sprach- und Weltgebrauch der *humanities* hat. Man denke an die rhetorischen Aspekte vieler geisteswissenschaftlicher Texte zum Beispiel in der Philosophie, so unterschiedlich sie sein mögen, von Adorno oder Benjamin, aber auch an die hochrhetorische und literarische französische Tradition, an die Texte von Derrida, Foucault, Deleuze, um nur einige bekannte Namen aus dem 20. Jahrhundert zu nennen.

Wie das hier *poetische Verrücktheit* Genannte die Schreib- und Denkstile beeinflusst und die epistemischen Folgen dieser Beeinflussung wären allerdings erst im Einzelnen darzulegen.

Legende von der poetischen Bedeutung

Ein Mensch lehrt einen anderen den Gebrauch des Wortes *Fußboden*. Er führt ihn von einem Fußboden zum nächsten, zeigt auf ihn, stampft auf und wiederholt das Wort. Er veranlasst den Anderen, Versuche zu machen, etwa probeweise auf Gegenstände zu klopfen, wobei er belohnt wird, wenn er auf einen Fußboden klopft. Am Ende soll er nicht nur wissen, dass diese oder jene Gegenstände oder Oberflächen Fußböden sind, sondern auch, wie man etwas als Fußboden erkennen kann. Ein Mensch lernt also durch einen anderen die Bedeutung des Wortes *Fußboden*.

Nach einiger Zeit finden sich die beiden Menschen auf einem, sagen wir, poetischen Stern wieder. Nun hält einer der beiden eine poetische Rede, die auch die seltsamen Verse *Die Erde, dieser winzige, runde Fußboden, / der meine Leidenschaften so sehr erregte* enthält. Der Andere, der vielleicht glaubt, nur auf einem anderen Stern zu sein, jedoch noch nicht bemerkt hat, dass er sich jetzt auf einem poetischen Stern befindet, nimmt an, dass ihm eine neue Bedeutung des Wortes *Fußboden* beigebracht werde. Er versteht die Rede so, als ob ihn diese einen weiteren Fall lehrte, in dem das Wort *Fußboden* buchstäblich zutrifft. Er nimmt deshalb auch an, dass das Wort *Fußboden* auf mehr Fälle zutrifft, als er eben noch (auf Erden) wusste. Ebenso glaubt er deshalb zu verstehen, dass es mehr Sätze gibt, die wahr sind, wenn sie besagen, dass etwas ein *Fußboden* ist, als er wusste. Und er glaubt deshalb zu wissen, dass jede sprachliche Äußerung, die besagt, dass die Erde ein *Fußboden* ist, wahr ist, wie immer die Form der Äußerung beschaffen sein mag. Er lässt sich also belehren und glaubt, jetzt besser zu verstehen, was das Wort *Fußboden* bedeutet.

Allerdings mag er sich über die Form der Äußerung wundern – sich etwa fragen, warum der Unterricht in Form von seltsam klingenden Versen geschieht, ja, warum jene Verse *Die Erde, dieser winzige runde Fußboden/, der meine Leidenschaften so sehr erregte* genau genommen keinen grammatikalisch vollständigen Satz bilden, warum ihm also nicht auf möglichst einfache oder unmissverständliche Weise mitgeteilt wird, dass auch die Erde ein Fußboden ist. Er sagt sich dann vielleicht, dass es offenbar auf diesem seltsamen Stern üblich sei, neue Bedeutungen von Wörtern auf diese Weise zu lehren und deshalb auch eine neue Bedeutung des Wortes *Fußboden*. »Und warum sollen denn nicht so seltsame Reden eine neue Wortbedeutung lehren«, mag er sich fragen. »Vielleicht gibt es auch auf der Erde menschliche Gesellschaften, in denen Reden dieser Art neue Anwendungen eines Wortes lehren, die dann tatsächlich zur Bedeutung des Wortes gehören und sogar ins Lexikon Eingang finden. So wie es ja auch im Fall von neuen wissenschaftlichen Anwendungen eines Wortes dann und wann geschieht.«

Da der Adressat der poetischen Rede, der sie nicht als solche erkennt, glaubt, eine neue Bedeutung des Wortes *Fußboden* erlernt zu haben, vertraut er darauf, dass diese Bedeutung jederzeit und überall gilt, auch wenn er sie vorher auf Erden noch nicht gekannt hat. – Was aber geschieht, wenn er nun auf die Erde zurückkehrt und die neu erlernte Bedeutung des Wortes *Fußboden* anzuwenden versucht?

Ist ihm tatsächlich etwas über die Bedeutung des Wortes *Fußboden* beigebracht worden, dann wird er sich besser auf der Erde zurechtfinden. Er wird eine regelrechte Anwendung des Wortes kennen, die er zufällig noch nicht gekannt hat (da er seine eigene Sprache noch nicht hinreichend beherrscht hat).

Wenn aber die poetische Bedeutung des Wortes auf Erden eigentlich keine Bedeutung ist, dann könnte es geschehen, dass seine Worte missverstanden werden; entweder insofern er, wenn er sagt *Die Erde ist ein Fußboden*, annimmt, etwas buchstäblich Wahres zu sagen, während er für die Anderen auf der Erde etwas Falsches sagt; oder insofern auf der Erde die Aussage *Die Erde ist ein Fußboden* für falsch und für eine Metapher gehalten wird, während er diese Aussage doch wörtlich meint und für wahr hält.

Angenommen jedoch, jener Mensch erkennt, dass er sich auf einem poetischen Stern befindet.

Dann überlässt er sich den Versen, ihrem Rhythmus, der Abfolge der Wörter, dem Zusammenspiel ihrer Bedeutungen, und erkennt, dass er, um diese Rede zu verstehen, das Ineinandergreifen all ihrer Momente mitzuvollziehen und zugleich angemessen zu deuten hat. Er versucht also herauszufinden, was die Rede bedeutet, indem er auch herauszufinden versucht, was es bedeutet, dass die Verse so klingen, die Wörter so und nicht anders aufeinanderfolgen, dass da das Wort *Fußboden* steht und nicht ein Wort, das (auf Erden) dasselbe bedeutet; kurzum, er tut dann das, was wir zumeist tun, wenn wir mit poetischen Texten umgehen. Indem er die poetische Rede des anderen Menschen zu verstehen sucht, fühlt er sich veranlasst, das, was er für die gewöhnliche Bedeutung des Wortes *Fußboden* halten mag, nicht einfach als vorgegeben zu akzeptieren, sondern herauszufinden, welche Bedeutung oder welche Bedeutungen dieses Wort jetzt in der poetischen Rede hat. (Genau das hat er nicht getan, als er noch nicht verstanden hat, dass er sich auf einem poetischen Stern befindet, und einfach angenommen hat, ihm werde eine weitere Anwendung des Wortes *Fußboden* beigebracht.)

Nun sei zudem angenommen, der Mensch erkennt, dass das Wort *Fußboden* in der poetischen Rede so gebraucht wird, wie er glaubt, dass es gewöhnlich auf Erden gebraucht wird, bzw. dass auch auf dem poetischen Stern die für ihn auf der Erde gewöhnlichen Wahrheitsbedingungen den Wahrheitswert der Aussage *Die Erde ist ein Fußboden* bestimmen. Eben deshalb nimmt er auch an, es sei falsch, dass die Erde ein Fußboden ist. Doch zudem erkennt er, dass das Wort *Fußboden* in der poetischen Rede metaphorisch gebraucht wird. Das heißt hier: Die poetische Rede lässt ihn erfahren, dass die Erde und Fußböden Merkmale gemeinsam haben, die ihm auf der Erde noch nicht aufgefallen waren oder denen er auf der Erde kein (so) großes Gewicht beigemessen hat. So könnte er jetzt erfahren, wie winzig die Erde ist, oder auch, dass sie so menschlich vertraut ist wie eine Wohnung, ja dass sie vor allem etwas Menschengemachtes, Enges und vielleicht auch Vorläufiges ist. Diese Merkmale erfährt er nicht zuletzt durch die Form der poetischen Rede selbst, also nicht zuletzt durch den Vers *die Erde, dieser winzige, runde Fußboden, / der meine Leidenschaften so sehr erregte.*

Gerade dadurch, dass der die poetische Rede vernehmende Mensch gemeinsame Merkmale der Erde und von Fußböden erfährt bzw. sie für wichtiger hält als auf Erden, erfährt er nun auch, dass eine Interpretation, die durch seinen irdischen Sprachgebrauch bedingt wird, wenn auch notwendig, so doch nicht hinreichend dafür ist, die poetische Rede zu verstehen.

Er versucht also zu begreifen, was ihm die poetische Rede dadurch zu verstehen gibt, dass es unter irdischen Bedingungen falsch sei, dass die Erde ein Fußboden ist, während sie doch auch zu verstehen gibt, dass die Erde und Fußböden Merkmale gemeinsam haben, von denen er auf Erden nichts gewusst hat. Schließlich überzeugt ihn die poetische Rede davon, dass diese Merkmale, die er durch die Verse erfährt, derart sind, dass er seine irdischen Annahmen darüber, was die Erde und was Fußböden sind, verändern muss: Er erfährt, dass die Erde nicht mehr das ist, was sie ist, wenn sie allein gemäß den für ihn auf Erden geltenden Bedeutungen interpretiert wird, sondern dass sie hier, von dem poetischen Stern aus, tatsächlich ein Fußboden ist. Weil er also bestimmte gemeinsame Merkmale der Erde und aller Fußböden durch die Erfahrung der poetischen Rede entdeckt hat, interpretiert er, dass die Bedeutung des Wortes *Fußboden* eine andere ist als unter irdischen Bedingungen. Nicht nur besagt die poetische Rede jetzt, dass die Erde ein Fußboden ist, nicht nur besagt sie, dass die Erde und alle Fußböden bestimmte Merkmale gemeinsam haben, sondern sie gibt auch zu verstehen, dass die eine mit seinem irdischen Leben übereinstimmende Interpretation, es sei falsch, dass die Erde ein Fußboden ist, nur *einer* bestimmten Erfahrung entspricht; einer Erfahrung, an die ihn die poetische Rede vielleicht nur erinnert, um zu einer weiteren Erfahrung zu führen, nach der es wahr ist, dass die Erde ein Fußboden ist. So hätte die poetische Rede den sie vernehmenden Menschen zu einer neuen Bedeutung des Wortes *Fußboden* geführt, in dem das, was die poetische Rede besagt, metaphorisch zu verstehen ist, und dennoch wahr ist.

Was aber geschieht, wenn jener Mensch, der die poetische Rede vernommen hat, auf die Erde zurückkehrt und die auf einem poetischen Stern durch eine Metapher erlernte Bedeutung des Wortes *Fußboden* anwendet? Dann verhält er sich so, als habe er eine neue Wortbedeutung gelernt. Nun, das hat er ja auch! Doch wenn er sich nun unter irdischen Bedingungen so verhält wie auf jenem poetischen Stern? Wieder könnte er zufällig tatsächlich etwas dazugelernt haben: Vielleicht hat er es zunächst zu Unrecht für falsch gehalten, dass die Erde tatsächlich ein Fußboden ist. Vielleicht hat er seine Erdensprache nicht hinlänglich beherrscht und die Wahrheit, die er durch die Metapher auf jenem poetischen Stern erfahren hat, stimmt ohnehin mit der gewöhnlichen Bedeutung des Wortes *Fußboden* überein.

Doch wie, wenn er seine Erdensprache vorher ohnehin hinlänglich beherrscht hat? Und also zunächst zu Recht angenommen hat, dass eine Rede, die besagt, dass die Erde ein Fußboden sei, etwas Falsches besagt? Wie, wenn jener auf die Erde zurückgekehrte Mensch dann die durch eine poetische und metaphorische Rede neu erlernte Bedeutung des Wortes *Fußboden* ohne weiteres auf Erden verwendet?

Dann hat er vergessen, dass er die poetische Rede auf einem poetischen Stern als Metapher verstanden hat. – Was aber hat er da eigentlich vergessen? Er hat vergessen, dass ihn seine Anwesenheit auf einem poetischen Stern in eine Lage versetzt hat, eine bestimmte neue Erfahrung dessen zu machen, was Fußböden sind und was die Erde ist, nämlich zu lernen, dass die Erde zur Menge der Fußböden gehört. Er hat also vergessen, dass er nicht nur einen neuen Gebrauch des Wortes *Fußboden* gelernt hat, sondern auch, dass er dies im Verlauf der Rede und bedingt durch die Form der Rede getan hat; und dass er eben deshalb einige seiner Überzeugungen in Hinblick darauf verändert hat, was ein Fußboden ist bzw. was die Erde ist. Wenn er jetzt also, fern von jenem poetischen Stern, das Wort *Fußboden* so verwendet, als ob die Erde tatsächlich ein Fußboden sei, dann hätte er vergessen, dass man sich auf der Erde einfach auf die gewöhnlichen Bedeutungen und deshalb auf die gewöhnlichen Wahrheitsbedingungen verlässt und dass die poetischen Erfahrungen und die aus ihnen gewonnen Überzeugungen an der Bedeutung der Worte auf der Erde gar nichts ändern. Allerdings könnte er, während er das Wort *Fußboden* in seiner gewöhnlichen Bedeutung verwendet, bei sich denken:

»Eigentlich weiß ich es doch viel besser, denn ich war auf einem poetischen Stern und habe dort eine andere Erfahrung gemacht und deshalb den gewöhnlichen Gebrauch des Wortes *Fußboden* als von Überzeugungen abhängig begriffen, die zu revidieren sind.«

Der Mensch, der die poetische Rede vernommen hat, kann also zu dem Schluss kommen, dass die Bedeutung des Wortes *Fußboden*, die er durch die poetische Rede erfahren hat, beziehungsweise die Wahrheitsbedingungen dafür, dass etwas ein Fußboden ist, eigentlich andere sind als die auf Erden gewohnten, sodass die gewohnten Wortbedeutungen und Wahrheitsbedingungen, möge ihnen auch jeder auf der Erde ohne Weiteres unterworfen sein, nicht angemessen sind.

Ebenso gut möglich aber, dass der Adressat der poetischen Rede, auf die Erde zurückgekehrt, als er die Bedeutung des Wortes *Fußboden* wieder auf die gewöhnliche Weise versteht, bei sich denkt: »Der poetische Stern und die poetische Rede jenes Menschen sind nur eine Art Spiel oder eine Art Traum:

Man tut so, als wechsle man seine gewohnten Überzeugungen, was man doch eigentlich gar nicht tun kann, ohne den Ernst des Erdenlebens zu verlassen. Und das bemerkt man doch auch daran, dass man es auf dem poetischen Stern zunächst für falsch hält, dass die Erde ein Fußboden ist, und dass es, wenn man den poetischen Stern verlässt, sogleich wieder falsch ist, dass die Erde ein Fußboden ist, wie die Verständigung mit Anderen auf der Erde belegen kann. In Wirklichkeit ist die Bedeutung des Wortes *Fußboden* und sind also auch die Wahrheitsbedingungen für Dinge, von denen gesagt wird, sie seien ein Fußboden, nur die, die wir gewöhnlich haben.«

Und möglich ist schließlich sogar, dass der Mensch, auf die Erde zurückgekehrt und wieder zum gewöhnlichen Menschen geworden, auch denkt: »Diese Bedeutung des Wortes *Fußboden*, die ich mir da vorgespielt habe, die ich da geträumt oder erfunden habe, war gar keine neue Bedeutung dieses Wortes, sondern nur die seltsame Wirkung, die eine poetische Rede auf mich gehabt hat. Das zeigt sich doch gerade jetzt, da ich mit dieser angeblichen neuen Bedeutung des Wortes auf Erden nichts anfangen kann.«

Zu Adornos *Fragment über Musik und Sprache*

Vorbemerkung

»An Philosophie bestätigt sich eine Erfahrung, die
Schönberg an der traditionellen Musiktheorie
notierte; man lerne aus dieser eigentlich nur, wie
ein Satz anfange und schließe, nichts über ihn selbst,
seinen Verlauf. Analog hätte Philosophie nicht sich
auf Kategorien zu bringen, sondern in gewissem
Sinn erst zu komponieren. Sie muß in ihrem Fort-
gang unablässig sich erneuern, aus der eigenen Kraft
ebenso wie aus der Reibung mit dem, woran sie sich
mißt; was in ihr sich zuträgt, entscheidet, nicht
These oder Position; das Gewebe, nicht der deduk-
tive oder induktive, eingleisige Gedankengang.
Deshalb ist Philosophie wesentlich nicht referierbar,
sonst wäre sie überflüssig; daß sie meist sich referie-
ren läßt, spricht gegen sie.«[18]

In dieser Passage aus den Anfangsseiten der
Negativen Dialektik nimmt Adorno auf Methode
und Form seines Philosophierens Bezug; auf dessen
Nichtdefinitorisches und Implizites und auf dessen dynamisch-mimetisches Verhältnis zu seinen
Gegenständen. Adornos Philosophie, wenn auch
einzigartig in ihrer aphoristischen Treffsicherheit,
in der Dichte der ineinander verflochtenen Motive,
im Reichtum ihrer Verarbeitung von Terminolo-
gien und Traditionen – aber auch in dem Anspruch,
Gehalt und Form in ständiger Vor- und Rückschau

als auseinander hervorgehend zu vollziehen und zu reflektieren –, ist doch selbst, wie kann es anders sein, Anderem entgegengesetzt. Eben deshalb, glaube ich, sollte Adornos Philosophie ihrerseits als Moment einer Dialektik verstanden werden, nämlich als ein Gegensatz *zu* philosophischen Denkstilen, die impliziterweise negieren, Referierbarkeit sei ein Merkmal überflüssiger Philosophie, ja die im Gegenteil nahelegen, ein Merkmal überflüssiger Philosophie sei gerade ihre Nicht-Referierbarkeit.

Referierbar wäre wohl ein Philosophieren, das nach angemessenen Definitionen und notwendigen und hinreichenden Bedingungen sucht; das sowohl deduktiv als auch aus Beispielen, oft Gedankenexperimenten, verallgemeinernd und also induktiv vorgeht – ein Denken, das seinem Anspruch nach analytisch ist.

Adornos Denken setzt Referierbarkeit aber insofern voraus, als es etwa auf Aristoteles, Kant oder Husserl oder gar auf den von ihm perhorreszierten Positivismus Bezug nimmt. Und nicht zuletzt deshalb liest man Adornos Texte auch dann angemessen, wenn man Begründungen, Definitionen und Rechtfertigungen, wie rudimentär auch immer das möglich ist, stillschweigend mitdenkt und insofern dialektisch ins Spiel bringt. Die Dialektik, die mit Adornos Texten auszutragen ist, kann dann als eine zwischen unterschiedlichen Denkstilen verstanden werden, wenn auch – ganz im Sinne Adornos – deren Synthese so gut wie ausgeschlossen ist. Diese wäre allenfalls in einem utopischen Fluchtpunkt zu suchen, in einem märchenhaften Jenseits womöglich, wo die *wahre Sprache* stattfände, auf die – nach Adornos *Fragment über Musik und Sprache* – musikalische Werke verweisen sollen und deren Bedingungen ich im Folgenden, in einer, wie ich hoffe, wenigstens partiell referierbaren Rekonstruktion, zu skizzieren versuche.[19]

Vermittlung – im Anspruchs- und im Erfüllungssinn

Unter einer *Vermittlung durch ein Kunstwerk* sei zweierlei verstanden: Zum einen der Anspruch, etwas zu vermitteln; wobei eine *Vermittlung im Anspruchssinn* nicht impliziert, dass das Vermittelte auch als solches rezipiert werden kann; kann es dies nicht, dann ist lediglich der Vermittlungs*anspruch*, nicht jedoch das Vermittelte rezipierbar. Zum anderen kann *Vermittlung* auch im *Erfüllungssinn* zu verstehen sein; nämlich dann, wenn durch ein Kunstwerk das im Anspruchssinn Vermittelte kunstwerkbedingt rezipiert werden kann. Beispielsweise wird, wie ich meine, durch Schuberts *Winterreise* Verlassensein, Todessehnsucht und auch Sterbensangst nicht nur im Anspruchs-, sondern auch im Erfüllungssinn vermittelt.

Durch so manche Kunstwerke aber ist die Vermittlung von etwas *beansprucht*, das nicht kunstwerkbedingt rezipiert werden kann: Wie oft ist die Vermittlung tiefer Liebe, unermesslichen Glücks oder aber abgrundtiefer Verzweiflung beansprucht – man denke an manche Trivialromane oder an viele

Pop- und Filmmusik –, doch kunstwerkbedingt rezipierbar sind dann lediglich die Klischees dieser Gegenstände.

Rezeptionen können unterschiedlicher Art sein; sie können in sinnlichen Wahrnehmungen, in Gefühlen oder anderen inneren Zuständen bestehen, aber auch im Erfassen von Begriffen und Aussagen; eine Rezeption kann explizite Interpretation sein oder nur eine Erinnerung an ein Kunstwerk oder dessen Imagination.

Ein erster Formbegriff: Eigentliches Zeigen

Zur Bestimmung eines hier relevanten Begriffs von Form adaptiere ich eine Konzeption, die Nelson Goodman in *Sprachen der Kunst* entwickelt hat[20]:

Etwas sei Form eines Kunstwerks, wenn es *durch dieses* gezeigt ist. Und gezeigt ist etwas dann, wenn ein Kunstwerk eine Eigenschaft zu besitzen vermittelt, die für einen Begriff steht, der seinerseits diese Eigenschaft bezeichnet. Zum Beispiel: Eine Tonfolge ist ein Thema, wenn die Tonfolge als Thema gezeigt ist. Und gezeigt ist die Tonfolge als Thema dann, wenn der Begriff *Thema* eine als Eigenschaft des Kunstwerks vermittelte Tonfolge bezeichnet und diese Tonfolge für den Begriff *Thema* steht. Es reicht daher für diesen Formbegriff nicht, wenn ein musikalisches Werk bestimmte Eigenschaften hat, sondern diese Eigenschaften müssen auch als solche vermittelt sein.

Die in ein Zeigen in musikalischen Werken involvierten Begriffe sind in der Regel unausdrücklich gegeben, und es muss auch keinerlei sprachlich formulierte Rezeption im Spiel sein, wenn etwa ein gezeigtes musikalisches Thema rezipiert wird.

Für diesen Begriff der Form bzw. des Zeigens gelte nun zusätzlich, dass das Gezeigte – also zum Beispiel ein musikalisches Thema – eine seinem Medium interne Eigenschaft eines Kunstwerks ist; also nicht irgendetwas anderes wie ein Gefühl, soziale Verhältnisse, eine Landschaft oder was auch immer nicht zum jeweiligen ästhetischen Medium gehört.

Was zu seinem Medium gehört und was nicht, ist allerdings davon abhängig, was ein Kunstwerk als zu seinem Medium gehörig vermittelt, und daher auch davon, welche Annahmen, Einstellungen, aber auch Erfahrungen, Traditionen und Konventionen – welche *Hintergründe* – durch das Kunstwerk vermittelt sind.

Ist ein Gezeigtes als seinem Medium intern vermittelt, dann kann es, wie ich es nennen will, *eigentlich gezeigt* sein.

Der Formbegriff Adornos: Metaphorisches und uneigentliches Zeigen

Man kann annehmen: Ist etwas eigentlich gezeigt, dann ist es Form, und Form ist dann ein Gehalt des Kunstwerks. Die Form *Thema* beispielsweise kann ein Gehalt eines musikalischen Werks sein.

Dieser Form- und dieser Gehaltbegriff sind aber, wie ich interpretiere, nach Adorno zu wenig anspruchsvoll und zu weit: Denn im *Fragment über Musik und Sprache* stellt Adorno fest, dass die bloße Rede »von den tönend bewegten Formen […] auf den leeren Reiz oder das bloße Dasein des Erklingenden hinaus[läuft], der jenes Bezuges der ästhetischen Gestalt auf das enträt, was sie nicht selbst ist und wodurch sie erst zur ästhetischen Gestalt wird«.[21]

Eine Tonfolge, die nichts als ein musikalisches Thema zeigt, ein Kunstwerk, das nur seinem Medium Internes zeigt, hätten nach Adorno gerade keinen Gehalt und wären daher keine Form. Form im Sinne Adornos dagegen ist Formung von etwas, das nicht als zu dem Medium gehörig vermittelt ist, in dem es geformt wird.

Was kann nun, nach Adorno, Form eines Gehalts sein, was alles kann Geformtes sein? Wohl alles, was den Vermittlungen des Kunstwerks zufolge keine Komponente des jeweiligen ästhetischen Mediums ist: Steine und Sterne zum Beispiel, Landschaften, Natur, gesellschaftliche Konflikte, Entfremdung, Krieg und Frieden usw. Und für musikalische Werke offenbar besonders naheliegend und deshalb oft angeführt: mentale Zustände wie etwa Gefühle. So sagt man wohl mit einigem Recht, Gehalte der Schubert'schen Vertonungen von Wilhelm Müllers Gedichtzyklus *Die Winterreise* seien Verlassensein, Resignation und Todessehnsucht.

Da nun *eigentlich gezeigt zu sein* nach Adorno nicht dazu ausreicht, um Form eines Gehalts zu sein, muss – Goodmans Konzeption adaptierend – in der Analyse des Zeigens die Vermittlung von Außermedialem berücksichtigt werden:

Deshalb sei hier festgelegt: Wird in Liedern der *Winterreise* durch ein Thema Verlassensein gezeigt, dann ist durch das Kunstwerk Verlassensein als Eigenschaft jenes Themas so vermittelt, dass der Begriff *Verlassensein* diese Eigenschaft bezeichnet, die wiederum für den Begriff *Verlassensein* steht.

Und dies, obwohl – und das ist hier entscheidend – durch die Vermittlung von Hintergründen (etwa Annahmen, Einstellungen, aber auch Erfahrungen, Traditionen und Konventionen usw.) ausgeschlossen ist, dass Verlassensein etwas Mediuminternes ist, dass also jenes Thema tatsächlich die mentale Eigenschaft des Verlassensein besitzt. Verhält es sich so, dann ist das Gefühl Verlassensein *metaphorisch und uneigentlich gezeigt*. Eben diese Art des Zeigens ist im Sinne Adornos Form eines Gehalts und das, was er wohl auch *Ausdruck* nennt.

Nach Adorno – wenn ich hier recht interpretiere – ist die Uneigentlichkeit und das Metaphorische dieses Zeigens ein Aspekt des Scheins oder des Fiktionalen von Kunstwerken, der in vielen Passagen der *Ästhetischen Theorie* entfaltet wird.[22]

Begriffszentrierung

In Hinblick auf Adornos im *Fragment über Musik und Sprache* so genannten *theologischen Aspekt der Musik* und die *wahre Sprache* ist die hier eingeführte Bestimmung von Form in hohem Maß begriffszentriert, weil sowohl eigentliches als auch uneigentliches und metaphorisches Zeigen (Form bzw. Ausdruck im Sinne Adornos) als eine Operation bestimmt sind, die Begriffliches und Bezeichnung enthält.[23]

Viele Kunstwerke, besonders musikalische Werke oder viele ihrer Passagen, zeigen aber wohl nicht etwas in dem hier eingeführten Sinn des Wortes. Sie sind oft als Begriffsloses oder Begriffsfernes vermittelt. Dies schließt allerdings nicht aus, dass Kunstwerke oder manche ihrer Passagen im Zusammenhang mit Begrifflichem stehen. Adorno jedenfalls besteht auf solchem Zusammenhang, so auch in seiner *Ästhetischen Theorie*: »Keine Analyse bedeutender Werke könnte deren reine Anschaulichkeit erweisen; alle sind von Begrifflichem durchwachsen; buchstäblich in der Sprache, indirekt selbst in der begriffsfernen Musik«.[24]

Selbst wenn man mit Adorno annimmt, dass Begriffliches in Kunstwerken und auch in musikalischen Werken immer eine Rolle spielt, so können diese Rollen doch sehr unterschiedlich sein. In einer differenzierteren Analyse müssten daher auch begriffsferne Arten von Form und Ausdruck analysiert werden. Die hier eingeführte Bestimmung erfasst also lediglich eine Art von Form bzw. Ausdruck.

Diese Bestimmung ist noch in einer weiteren Hinsicht einzuschränken: Auch wenn durch ein Kunstwerk etwas metaphorisch und uneigentlich gezeigt und also ausgedrückt wird, dann oft auf mehrfache und diffuse Weise. Wird etwa in den Liedern der *Winterreise* Verlassensein metaphorisch und uneigentlich gezeigt, so einerseits wohl im Zusammenspiel mit einer ganzen Reihe von anderem metaphorisch und uneigentlich Gezeigten – etwa mit Sehnsucht, Sterbensangst, Hoffnung, Hoffnungslosigkeit usw.; und zum anderen wäre ein solches Zeigen im Zusammenspiel mit Passagen zu rezipieren, die gerade nichts oder kaum etwas zeigen, also nicht Ausdruck im hier eingeführten Sinn des Wortes sind.

Eine letzte einschränkende Bemerkung zu der hier dargelegten Bestimmung von Form als Ausdruck: Sie trägt nicht dazu bei, unterschiedliche ästhetische Werte zu unterscheiden: Viele Kunstwerke drücken *Verlassensein* aus, doch die allermeisten eben nicht in ebenso tiefgreifender Weise wie Schuberts *Winterreise*.

Allgemeines und Besonderes. Begriffe und ihre Realisierung

Form im Sinne Adornos, verstanden als metaphorisches und uneigentliches Zeigen bzw. als geformter Gehalt und also Ausdruck, ist die eine Konzeption, die für diese Rekonstruktion des von Adorno so genannten theologischen Aspekts von Musik und von Kunst überhaupt wichtig ist.

Eine zweite Konzeption betrifft das Verhältnis von Allgemeinem und Besonderem in Kunstwerken. Wie so viele andere für Adornos Denken zentrale Begriffe findet sich das Begriffspaar *Allgemeines/Besonderes* in unterschiedlichen Bedeutungen und Verbindungen sowohl in der *Ästhetischen Theorie* als auch in der *Negativen Dialektik*.[25]

Ich beziehe mich hier nur auf eine der Bedeutungen dieses Begriffspaars: Dabei wird das Allgemeine als Begriff verstanden und das Besondere als mögliche Realisierung des Begriffs in einem Einzelgegenstand. Ein Zitat für manche andere: »Kunst möchte durch Konstruktion […] aus eigener Kraft ihrer nominalistischen Situation, dem Gefühl des Zufälligen sich entwinden, zu einem übergreifend Verbindlichen, wenn man will, Allgemeinen gelangen.«[26]

Der Nominalismus ist bekanntlich eine philosophische Position, für die nur Einzelgegenstände reale Existenz haben, nicht jedoch abstrakte Gegenstände wie etwa Begriffe; auch akzeptieren die meisten Spielarten dieser Position die Annahme nicht, dass Begriffe in Einzelgegenständen realisiert werden können. Zudem wird das Verhältnis von Begriff und Gegenstand als äußerlich oder konventionell oder eben, wie von Adorno in diesem Zitat, als zufällig aufgefasst.

Die zum Nominalismus antithetische Position wird bekanntlich oft *Begriffsrealismus* genannt. Gemäß diesem wird die reale Existenz von Begriffen angenommen, wiewohl sie abstrakte und das heißt raumzeitlose Gegenstände seien, und – in jener Spielart dieser Position, die Adorno wohl im Sinn hat – zudem die Realisation von Begriffen in Einzelgegenständen. So sei beispielsweise in jedem einzelnen Menschen der allgemeine Begriff *Mensch* realisiert, ebenso in jedem einzelnen Verlassenheitsgefühl der allgemeine Begriff des *Verlassenseins* oder in jedem Vorkommen eines musikalischen Themas der Begriff *Thema* usw.[27]

Kunst wird in jenem Zitat Adornos als Versuch verstanden, das Nominalistische zu überwinden, oder jedenfalls als das, was den Nominalismus und sein Gegenteil, den Begriffsrealismus, auf ein dialektisches Spiel zu setzen hat.

Ich behaupte also: Adorno befragt oder reflektiert die Relation von Allgemeinem zu Besonderem auch im Sinne der Frage nach der Realisierbarkeit von Begriffen in Einzelgegenständen, und das heißt hier: in bestimmten Kunstwerken oder ihren Komponenten.

Allerdings gilt hier die analoge Einschränkung der Rolle des Begrifflichen wie oben für eigentliches und für uneigentliches und metaphorisches Zeigen. In vielen Kunstwerken und Passagen spielt die Relation von Allgemeinem und Besonderem wohl keine oder keine wichtige Rolle.

Zeigen und die Relation von Allgemeinem zu Besonderem

Ist ein Thema in einem musikalischen Werk eigentlich gezeigt, so bezeichnet der Begriff *Thema* eine bestimmte Tonfolge und dies auf mit entsprechend vermittelten Hintergründen (Annahmen, Kontexten, Einstellungen, Erfahrungen usw.) vereinbare Weise. Und eben dann kann – folgt man der begriffsrealistischen Position – sinnvoll behauptet werden, dass der Begriff *Thema* in einer bestimmten Tonfolge realisiert ist. Zeigt aber ein musikalisches Thema Verlassensein metaphorisch und nicht eigentlich, drückt es also Verlassensein aus, dann ist in dem Thema der Begriff *Verlassensein* nicht realisiert. Denn der Begriff wäre nur in einem einzelnen Gefühl von Verlassensein selbst realisiert und nicht in einem musikalischen Thema, sofern man annimmt, musikalische Ereignisse seien keine Gefühle.

In diesem Fall wäre dann, in Adornos Redeweise, das Allgemeine nicht im Besonderen *verwirklicht*.

Eigentliches Zeigen ist daher notwendige Bedingung für die Möglichkeit des Realisierens der in ein Zeigen involvierten Begriffe. Allerdings sind dabei, wie oben erläutert, die entsprechenden Begriffe *Form* und *Gehalt* nach Adorno nicht anspruchsvoll genug; denn das, was lediglich eigentlich gezeigt ist, ist nach Adorno keine Form, da es dann dem Medium an externem Gehalt mangelt.

Die Rolle von Begriff und Gegenstand in Kunstwerken

Zweierlei nun verbindet die beiden Konzeptionen – Form bzw. Ausdruck als metaphorisches und uneigentliches Zeigen und die Relation Allgemeines/Besonderes bzw. Begriff/Realisierung in einem Einzelgegenstand – und führt zu meiner Rekonstruktion des von Adorno so genannten theologischen Aspekts der Musik: Zum einen die von Adorno außermedialen Gegenständen zugeschriebene Rolle in der Musik und zum zweiten die Rolle von Begriffen und ihrer Realisierung.

Adorno zur Rolle außermedialer Gegenstände in der Musik: »Es waltet eine Dialektik: allenthalben ist sie von Intentionen durchsetzt«. Adorno erläutert: »Intentionen sind ihr wesentlich, aber nur als intermittierende.«[28]

Intention – der Terminus stammt bei Adorno von Brentano und Husserl – ist hier als Bezug auf Gegenstände zu verstehen. Das Zielen auf eine *intentionslose Sprache* ist daher das Zielen auf eine Sprache, die nicht auf außermediale Gegenstände ausgerichtet ist. Eben dies steht aber im Widerspruch zu Adornos Bestimmung von Form, die sehr wohl verlangt, dass nichtmusikalische Gegenstände im Spiel sind; auch wenn sie lediglich ausgedrückt oder metaphorisch und nicht-eigentlich gezeigt werden. – Ich komme auf diesen Widerspruch zurück.

Die Rolle von außermusikalischem bzw. dem Medium externem Bezug ist das eine.

In anderen Passagen betont Adorno das Begriffliche, eben nicht rein Anschauliche der Kunst und auch von Musik, so auch in der schon oben zitierten Stelle: »Keine Analyse bedeutender Werke könnte deren reine Anschaulichkeit erweisen; alle sind von Begrifflichem durchwachsen; buchstäblich in der Sprache, indirekt selbst in der begriffsfernen Musik.«[29]

Nach dem hier Dargelegten können Begriffe und mit ihnen die Relation zu ihren Gegenständen durch ihren Beitrag zum Zeigen – sei es eigentlich oder metaphorisch und uneigentlich – bestimmt werden:

Begriffe beziehen sich auf Eigenschaften, etwa des musikalischen oder sprachlichen Mediums, und diese Eigenschaften stehen ihrerseits für Begriffe.

Der theologische Aspekt

Ich rekapituliere: Form bzw. Ausdruck im Sinne Adornos zeigt Medium-Externes metaphorisch und uneigentlich; der Begriff, der die ausdrückende Form bezeichnet, kann dann nicht realisiert werden. Auch dies bedingt nach Adorno das Scheinhafte oder Fiktionale der Kunst. So kann ein musikalisches Thema *Verlassensein* ausdrücken, doch sind dann Hintergründe – Annahmen, Kontexte, Einstellungen, Erfahrungen usw. – vermittelt, wodurch ausgeschlossen ist, dass es das Musikalische bzw. Sprachliche ist, das sie ausdrücken.

Im *Fragment über Musik und Sprache* jedoch denkt Adorno über das Scheinhafte der Musik, und vielleicht von Kunst überhaupt, hinaus: »Sie [die Musik] verweist auf die wahre Sprache als auf eine, in der der Gehalt selbst offenbar wird, aber um den Preis der Eindeutigkeit, die überging an die meinenden Sprachen.«[30]

Adorno behauptet hier nicht, Musik *sei* die wahre Sprache, sondern nur, dass sie auf diese verweise; und er charakterisiert die wahre Sprache als eine, in der der Gehalt selbst offenbar würde.

Worin nun aber bestünde das, worauf Musik *verweist*? Unter welchen Bedingungen könnte *wahre Sprache* stattfinden?

Ich meine, mindestens die folgenden zwei Bedingungen sind für die wahre Sprache im Sinne Adornos notwendig. Zum Ersten: Gehalt bzw. das Gezeigte ist eigentlich gezeigt, und dies im Erfüllungssinn von *Zeigen*. Zum Zweiten: Die Begriffe, die ein Gezeigtes bezeichnen, sind im Zeigenden realisiert.

Eine Musik, der jener theologische Aspekt eignet und die auf die wahre Sprache verweist, muss auf diese Bedingungen verweisen. *Verweisen* sei hier als eine Weise des Vermittelns, nämlich als ein Zeigen im Anspruchssinn, verstanden; als ein Zeigen also, durch das nicht impliziert ist, dass es erfüllt sein kann – es ist also nicht impliziert, das Gezeigte könne durch das jeweilige Kunstwerk bedingt rezipiert werden.

Metaphorisches und eigentliches Zeigen

Wie nun verweist Musik auf ihren theologischen Aspekt und also auf die *wahre Sprache*? Es gibt dafür mehrere Möglichkeiten; es sei hier diejenige angeführt, die, wie ich meine, Adornos Ästhetik und seinem Denkstil, vor allem in der *Negativen Dialektik* und in der *Ästhetischen Theorie*, entspricht.

Zunächst zum Verweisen auf die erste der beiden für die *wahre Sprache* notwendigen Bedingungen – also zum Verweisen auf die Bedingung des eigentlichen Zeigens des Gehalts bzw. des Ausgedrückten.

Zufolge des bisher Dargelegten können nur medium-interne Eigenschaften *eigentlich* gezeigt sein. Doch gerade dies impliziert nach Adorno, dass das Zeigende keine Form ist, nämlich kein Ausdruck von medium-externem Gehalt.

Was könnte dann aber unter dem *Offenbarwerden des Gehalts* in einem musikalischen Werk verstanden werden?

Wenn *in* einem musikalischen Werk sein Gehalt offenbar würde, dann müsste dieses selbst sein Gehalt sein, allgemeiner: Der Gehalt müsste medium-intern gegeben sein, obwohl dies durch bestimmte Hintergründe (Annahmen, Kontexte, Einstellungen, Erfahrungen usw.) gerade auch als ausgeschlossen vermittelt ist. Wenn nun dennoch in einem musikalischen Werk auf einen im musikalischen Medium offenbar werdenden Gehalt *verwiesen* wird, dann muss das, was ausgedrückt ist, der Gegenstand – das ansonsten dem Medium Externe des musikalischen Werks – als dessen Eigenschaft, also als dem Medium intern, gezeigt sein. Verlassensein etwa, ansonsten nichts Musikalisches, sondern ein Gefühl, müsste dann als Eigenschaft des musikalischen Werks gezeigt sein.

Zum einen müsste also dann Verlassensein als metaphorisch und nicht-eigentlich gezeigt sein. Form ist dann im erläuterten Sinn Ausdruck von Gehalt: ein Schein, eine Fiktion ihres Gehalts, im Beispielfall ein Schein, eine Fiktion von Verlassensein. Dabei wären dann auch Hintergründe vermittelt, durch die ausgeschlossen ist, dass die Form selbst tatsächlich ihr medium-externer Gehalt ist, etwa ein Gefühl des Verlassenseins.

Zudem und im Gegensatz dazu müsste dann

Form als Ausdruck eines ansonsten außermusikalischen Gehalts gezeigt sein – so auch ein musikalisches Thema als das Gefühl des Verlassenseins selbst. Und dabei müssten dann Hintergründe vermittelt sein, durch die nicht ausgeschlossen ist, dass zum Beispiel ein musikalisches Thema ein Gefühl des Verlassenseins ist.

Demnach könnte dann ein musikalisches Werk zum Beispiel das Gefühl des Verlassenseins eigentlich zeigen; allerdings, wie ich es nenne, eigentlich *und* metaphorisch.

Metaphorisch nenne ich dieses Zeigen deshalb, weil auch das Gegensätzliche vermittelt wäre und damit sowohl das Scheinhafte bzw. Fiktionale des Kunstwerks und sein Gegenteil, das Reale. Die erste notwendige Bedingung für das *Verweisen* auf die wahre Sprache ist daher ein Zeigen im eigentlichen *und* metaphorischen Sinn.

Wichtig im Sinne von Adornos dialektischer Ästhetik ist dabei die Vermittlung einer Gegensätzlichkeit; und damit auch einer Spannung zwischen unvereinbaren, jedoch vermittelten Hintergründen (Annahmen, Kontexten, Einstellungen, Erfahrungen usw.). Nur dann aber, wenn etwas dem Medium Musik Internes, zum Beispiel ein musikalisches Thema, tatsächlich als Verlassensein rezipierbar wäre, wäre die erste Bedingung für die wahre Sprache der Musik erfüllt; nur dann wäre auf die *wahre Sprache* nicht nur *verwiesen*, nur dann wäre sie nicht nur im Anspruchssinn, sondern auch im Erfüllungssinn des Wortes *gezeigt*.

Realisierung von Begriffen

Nur wenn die erste Bedingung für die *wahre Sprache* – das Ausgedrückte ist eigentlich und metaphorisch gezeigt – erfüllt wäre, könnte es auch die zweite sein: Denn nur dann könnten Begriffe, die Komponenten eines metaphorischen Zeigens sind, in einem Kunstwerk realisiert sein. So auch der Begriff *Verlassensein*: Dieser wäre nur dann in einem musikalischen Werk realisiert, wenn er nicht nur ein Gefühl wäre, sondern etwa auch Eigenschaft eines musikalischen Themas. Nicht nur der Gehalt, also das ansonsten dem Medium Externe, könnte dann *in* dieser wahren Sprache, *in* dieser Musik offenbar sein, sondern auch der Begriff, das Allgemeine, das diesen Gehalt bezeichnet, könnte dann im Besonderen realisiert werden, beispielsweise in einem musikalischen Thema, in einer Form, die zugleich ihr Gehalt ist, im Beispielfall eben das Gefühl des Verlassensein.

Der theologische Aspekt der Musik muss daher auch darin bestehen, auf die Realisierung der in das eigentliche und metaphorische Zeigen involvierten Begriffe zu verweisen, diese Realisierung also – im Anspruchssinn des Wortes – zu vermitteln.

Adornos dialektischer Ästhetik gemäß vermittelt dann aber – nicht anders als beim eigentlichen und metaphorischen Zeigen – ein musikalisches Werk auch den entsprechenden Gegensatz: Nicht nur die Realisierung des Begriffs, der Komponente des metaphorischen und eigentlichen Zeigens ist, muss vermittelt sein, sondern auch seine Nicht-Realisierung, der – wie Adorno es manchmal nennt – *Bruch* zwischen Allgemeinem und Besonderem.[31] So kann offenbleiben, ob die wahre Sprache stattfinden kann, ob sie nur im Anspruchssinn oder aber auch im Erfüllungssinn des Wortes *gezeigt* sein kann.

Theologischer Aspekt, Dynamisches

Im Sinne von Adornos Ästhetik, ja seines Denkens überhaupt, gehört noch ein Drittes zum theologischen Aspekt der Musik und daher zum Verweisen auf die *wahre Sprache* – nämlich die dynamische Dimension von musikalischen Zeichen. Und vielleicht ist dieses Dynamische zudem eine notwendige Bedingung für das Gegebensein der wahren Sprache selbst: Mentale Zustände, die Musik sind, Musik, die mentale Zustände ist – das muss etwas anderes sein, als das, was wir (bei den vertrauter Weise vermittelten Hintergründen) für mentale Zustände und für Musik halten.

Und das Analoge gilt für die Relation von Allgemeinem und Besonderem: Wenn Begriffe als raumzeitlose, als abstrakte Gegenstände vermittelt sind, dann können sie nicht das sein, was raumzeitlich, etwa in Musik realisiert ist; denn dann hat die Realisation Eigenschaften, die das Realisierte nicht haben kann, und umgekehrt; also müssten als wahre Sprache sowohl Begriffe als auch Musik etwas anderes sein können, als es die zunächst vermittelten Hintergründe verlangen.

Wie also soll denkbar sein, dass etwa ein Verlassensein Musik sein kann und Begriffe in ihrer

Realisation in einem Besonderen, in einem Einzelgegenstand realisiert sind? Die Antwort Adornos,
so interpretiere ich, ist die dynamische Dimension der Relationen *Begriff/Ausdruck/Gegenstand*
wie auch der Relation *Allgemeines/Besonderes* bzw.
Begriff/Realisierung. Wird in einem Kunstwerk auf
die wahre Sprache verwiesen, dann auch auf die
dynamische Dimension von Begriffen – zusammen
allerdings mit ihrem Gegenteil, ihrem Abstrakten und Raumzeitlosen. Und tatsächlich ist dieses
Dynamische nicht nur in der Form von Adornos
Philosophie zu finden, sondern ist in dieser auch
ein wiederkehrendes Motiv. Ein Zitat für viele aus
der *Negativen Dialektik*: »Die Statik der Begriffe soll,
damit diese sich Genüge tun, ihre Dynamik aus
sich entlassen«.[32] Und in der *Ästhetischen Theorie*:
»An den Begriffen aber setzt Kunst ihre mimetische,
unbegriffliche Schicht frei.«[33]

Was bei Adorno in der *Negativen Dialektik* und
in der *Ästhetischen Theorie* meist negativ formuliert
ist, lässt sich auch positiv, nämlich als Verwandlung
verstehen – und vielleicht wäre auch die wahre Sprache ein solches Verwandelndes. Ein musikalisches
Thema etwa verwandelte sich dann in das, was es
ausdrückt, zum Beispiel in den mentalen Zustand
des Verlassenseins, das Ausgedrückte in ein musikalisches Thema; Begriffe und Allgemeines verwandel-
ten sich in das, was sie realisiert, in ein Besonderes
bzw. in Einzelgegenstände, und umgekehrt würde
das Realisierende, das Einzelne auch begrifflich bzw.
allgemein; die Musik verwandelte sich selbst, eben
in die *wahre Sprache* – und diese wäre etwas, was

alle dabei involvierten Begriffe und Gegenstände in verwandelter Weise enthielte. Wäre diese Verwandlung vollends vollzogen, dann wäre der theologische Aspekt der Musik als wahre Sprache verwirklicht.

Säkulares Gebet und göttlicher Name

Adorno: »Musik bricht ihre versprengten Intentionen aus deren eigener Kraft und lässt sie zusammentreten zur Konfiguration des Namens«; und: »Was sie sagt, ist als Erscheinendes bestimmt und zugleich verborgen. Ihre Idee ist die Gestalt des göttlichen Namens.«[34]

Ich bin nicht sicher, ob und, wenn ja, wie diese Sätze zu verstehen sind, doch versuche ich ein Verständnis vor dem Hintergrund des bisher Dargelegten:

Wenn sich in einer wahren Sprache Begriffe und Gegenstände, Gehalt und Begriff einander verwandelnd zu einer Einheit versammelten, wären alle wesentlichen Komponenten der Wirklichkeit im Medium ihres Hervorbringens gegeben. In diesem Moment wäre die Musik – es ist dann eben nicht die Musik, die wir kennen – selbst der göttliche Name, Logos, der Wirklichkeit hervorbringt, und *Logos* in diesem Sinn ist nach Adorno vielleicht die Gestalt des göttlichen Namens. Es gäbe dann keine Intention auf Gegenstände mehr, weil ja alles Gegenständliche schon in diesem Namen enthalten wäre.

Die real existierende Musik aber, die ja lediglich darauf *verweist*, ihr theologischer Aspekt, wären dann und deshalb in Adornos widersprüchlicher Bezeichnung *säkulares Gebet* – und ich füge hinzu: Es wäre wohl ein im doppelten Sinn des Wortes unerhörtes Gebet.

In Adornos Hauptwerken allerdings, wie in der *Ästhetischen Theorie* und der *Negativen Dialektik*, wird vor allem der Bruch, auch das Unrealisierbare des Allgemeinen im Besonderem, das Uneigentliche von Ausdruck, das Scheinhafte, das Fiktionale von Kunst betont. Auf das Andere, auf das wahrscheinlich Unmögliche, den *göttlichen Namen*, solle zwar Musik, sollen die Künste verweisen, es sollte also im Anspruchssinn des Wortes vermittelt und vielleicht auch angestrebt werden, aber es sei in unserer Welt, in unserer Gesellschaft nicht zu haben. Das Verweisen auf die wahre Sprache, wie sie im *Fragment über Musik und Sprache* von den Künsten gefordert wird, ist dann nur ein Vermitteln, das nicht impliziert, dass das Vermittelte rezipiert und also erfüllt sein kann; ja, vielleicht ist dieses Verweisen auf die wahre Sprache bei Adorno auch ein Vermitteln, das nahelegt, dass das Vermittelte gerade nicht erfahren und also nicht erfüllt werden kann.

Um am Ende Adorno nachzusprechen: Es gibt keine wahre Sprache in einer falschen Welt, und jegliche Kunstreligion ist ästhetisch glaubwürdig nur im Augenblick ihres Sturzes.

Gedichte. Poetologische Fantasie zu letzten Dingen

Ist das Reich der Vorstellung revolutioniert,
hält dann die Wirklichkeit nicht stand?

(Nach Hegel)

Was in einem Gedicht, ob es gelesen wird oder nicht, ein und dasselbe bleibt, sei abstrakt und dabei nichtmateriell und raumzeitlos – und dies sei ein Ruhen von Zenons Pfeil. Enthält ein Gedicht etwa den Begriff des Sterbens, so bleibt dieser, ob nun beim Lesen erfasst oder nicht, ein und dasselbe und ist daher abstrakt.

Was sich bei jedem Lesen eines Gedichts verändern kann, sei raumzeitlich und dabei mental oder materiell – dieser Pfeil fliegt. So ist das sinnlich Wahrnehmbare des Wortes *sterben* materiell und mindestens hinsichtlich des Zeitraums seines Vorkommens jeweils verschieden, ebenso wie das Sehen oder Hören des Wortes, sein mentales Erfassen.

Auch das Verb *Sterben* bezeichnet Mentales oder Materielles, also einen raumzeitlichen Vorgang, zudem nimmt es dessen Ende, den Tod, vorweg: Jemand, der glaubt, er sterbe innerhalb eines bestimmten Zeitraums, kann bis zu dessen Ende nicht und – sofern die Grenze zwischen Leben und Tod nicht überschritten werden kann – niemals wissen, ob er das richtige Wort verwendet. Nach Zenons fliegendem Pfeil, der eigentlich ruht, existiert das Sterben jedoch nicht real. Denn wie alles Raumzeitliche sei es unendlich oft teilbar und vom Vorgang des Sterbens und seinem Ende bliebe dann nichts übrig; soll daher *sterben* ein reales Ende bezeichnen, wäre es immer das falsche Wort. Anders als nach Zenon sei jedoch das Ende des Lebens und Sterbens, wiewohl raumzeitlich, kein täuschender Schein. Demnach sterben wir wirklich und verwenden *sterben* dann richtig, wenn wir keinen bestimmten Zeitraum für unser Sterben annehmen und das Ende unseres Lebens durch *sterben* mitbezeichnen.

Die so fundamentale wie geläufige und durch Welt- und Denkerfahrung vielfach bestätigte Klassifikation *abstrakt/raumzeitlich* beruht auf Definitionen und Hintergrundannahmen. Durch diese ist impliziert, dass Raumzeitliches wie auch Abstraktes nur bestimmte Eigenschaften haben können, andere jedoch nicht: So sei Abstraktes hier weder materiell noch mental, Raumzeitliches aber, ob mental oder materiell, sei nicht abstrakt – der ruhende Pfeil fliegt nicht, der fliegende ruht nicht.

Deshalb kann *abstrakt* wörtlich nur Abstraktes, also Raumzeitloses, *raumzeitlich* wörtlich nur Mentales oder Materielles, im übertragenen Sinn aber *abstrakt* Raumzeitliches und *raumzeitlich* Abstraktes bezeichnen. *Abstrakt* etwa kann kaum Vorstellbares wie das eigene Sterben übertragen bezeichnen; umgekehrt kann man von einem mathematischen Beweis im übertragenen Sinn sagen, er *nehme viel Raum ein*, und von Theorien, sie können *absterben*.

Da nun vorausgesetzt ist, kaum Vorstellbares wie das eigene mentale oder materielle Sterben könne nicht tatsächlich im hier gemeinten Sinn abstrakt sein, ein mathematischer Beweis, also Abstraktes, nehme nicht tatsächlich Raum ein und Theorien können nicht mental oder materiell *absterben*, sind diese Gegenstände nicht nur im übertragenen, sondern auch im uneigentlichen Sinn bezeichnet.

Übertragung bezeichne dabei hier selbst Abstraktes, nämlich Relationen zwischen Begriffen und ihren Gegenständen: Ein übertragener Begriff bezeichnet Gegenstände, die bei einer im Kontext vermittelten wörtlichen Verwendung des Begriffs gerade nicht bezeichnet werden können, jedoch in kontextrelevanten Beziehungen zu den wörtlich bezeichneten Gegenständen jener Begriffe stehen. Wird etwa von Theorien im übertragenen Sinn gesagt, sie *sterben ab*, dann vielleicht deshalb, weil Theorien auf ähnliche Weise nach und nach vergessen werden wie verstorbene Menschen. Und wird von einem mathematischen Beweis gesagt, er nehme viel Raum ein, dann vielleicht deshalb, weil man viel Papier braucht, um ihn zu formulieren.

In Gedichten nun kann eine spezifische Art der Übertragung von Raumzeitlichem auf Abstraktes – somit auch auf die Übertragung selbst – und von Abstraktem auf Raumzeitliches vermittelt sein. Zum einen die Übertragung mentaler oder materieller Gegenstände von Begriffen auf diese: Enthält ein Gedicht etwa den Begriff *sterben*, so wird dann der Gegenstand dieses Begriffs, also das Sterben selbst, auf jenen Begriff übertragen, gleichsam der fliegende Pfeil auf sein Ruhen. Der Begriff *sterben* ist dann nicht nur wörtlich abstrakt und raumzeitlos, sondern auch im übertragenen Sinn mental oder materiell – und steht, wie zudem angenommen sei, auch in mentaler oder materieller Übertragungs-relation zu seinem Gegenstand.

Zum anderen wird auch Mentales oder Materielles als im übertragenen Sinn Abstraktes, zum Beispiel als Begriffliches, vermittelt. Sterben ist dann nicht nur im wörtlichen Sinn raumzeitlich, sondern auch im übertragenen Sinn abstrakt und steht in übertragen abstrakter Beziehung zu seinem Begriff und zur Übertragungsrelation selbst. Gleichsam ruht der fliegende Pfeil dann auch.

In solch doppelter Übertragung – von abstrakten Relationen und Begriffen auf ihre mentalen oder materiellen Gegenstände und von diesen auf ihre Begriffe und abstrakten Relationen – können Eigenschaften vermittelt sein, die – jener geläufigen und fundamentalen Klassifikation *abstrakt/raumzeitlich* und der mit dieser verbundenen wörtlichen Bezeichnung nach – weder abstrakt noch raumzeitlich, ja durch jene Klassifikation (und die mit ihr verbundenen Definitionen und Hintergrundannahmen) ausgeschlossen sind, während sie doch gerade für diese Übertragung notwendig ist. So könnte der Begriff des Sterbens auf das Sterben selbst und dieses auf seinen Begriff übertragen sein und dabei Eigenschaften des Sterbens wie seines Begriffs vermittelt sein, die nach der geläufigen und fundamentalen Klassifikation *abstrakt/raumzeitlich* (und doch auf ihr beruhend) ausgeschlossen sind. Abstraktes, wie der Begriff des Sterbens, wäre dann im übertragenen Sinn als mental oder materiell, Raumzeitliches, wie das Sterben selbst, im übertragenen Sinn als abstrakt vermittelt. Jene so fundamentale wie geläufige Klassifikation, auf vielfach bekräftigter Welt- und Denkerfahrung beruhend, wäre dann als unzureichend, die Begriffe des Abstrakten, des Raumzeitlichen und endlich auch der Übertragung als erweitert vermittelt. Sie könnten deshalb im übertragen-wörtlichen Sinn zutreffen.

Doch kann solch durch das Gedicht bei begriffserweiternder Übertragung als neue Wörtlichkeit Vermitteltes tatsächlich offenkundig werden? Kann durch die Übertragung von Mentalem oder Materiellem auf Abstraktes und durch die Übertragung von Abstraktem auf Mentales oder Materielles ein Gedicht – im Widerspruch zu den geläufigen mit den nichtübertragenen Begriffen *raumzeitlich* und *abstrakt* verbundenen Definitionen und Hintergrundannahmen – bei jedem Lesen immer wieder als ein und derselbe Zeitraum und dabei als ein und derselbe mentale oder materielle Vorgang offenkundig sein? Kann somit verlorene Zeit oder verlorener Raum wiedergefunden wie auch, gleichsam vorauseilend, Zeit oder Raum gewonnen werden, etwa das Ende des Sterbens, wie es durch das Verb *sterben* mitbezeichnet ist? Und könnte dabei nicht – frei nach Zenon – das sowohl übertragen mentale oder materielle als auch übertragen abstrakte Sterben infinitesimal teilbar sein, sodass das Ende des Sterbens und damit des Lebens überall oder nirgends wäre und die Grenze zwischen Leben und Tod lesender Weise unentwegt schon überschritten?

Metaphern, die keine Zeichen sind?

Vorbemerkung

Ausgangspunkt der folgenden Gedanken zu einer bestimmten Möglichkeit des Metaphorischen ist Peter Paul Rubens' *Bekehrung des hl. Paulus.*[35] Ob dabei meine Interpretation von Rubens' Gemälde diesem angemessen ist, darauf soll es hier nicht ankommen, sondern nur darauf, dass Kunstwerke überhaupt diese Art von Interpretation verlangen können.

1. Zum Begriff der Vermittlung und des Zeichens

Durch eine nicht bis zum Seitenrand reichende Zeile kann ein Vers oder ein Gedicht nahegelegt, durch Wörter kann ein Reim zu hören gegeben, durch eine Aussage eine mögliche Tatsache zu verstehen, durch die Pinselstriche eines Gemäldes eine Landschaft zu sehen gegeben sein.

In Fällen dieser Art ist, wie ich es hier nenne, durch ein Kunstwerk *etwas vermittelt*. Eine Vermittlung ist dabei als eine Art Anweisung zu verstehen, mit einem Kunstwerk auf eine von ihm vorgegebene Weise umzugehen.

Ein Kunstwerk, so sei hier angenommen, steht für das, was es vermittelt.

Gemäß einem geläufigen Zeichenbegriff ist ein Kunstwerk deshalb ein Zeichen.

Zudem sei angenommen: Was immer durch ein Kunstwerk vermittelt ist, ist unabhängig davon, was der Fall ist. So kann ein Text, der nicht gereimt ist, sein Gereimtsein vermitteln – etwa dadurch, dass er sein Gereimtsein aussagt. Auch kann eine Fotografie vermitteln, aus Pinselstrichen und Farbpigmenten zu bestehen, auch wenn dies nicht der Fall ist, sondern eine fotografische Technik verwendet wird, die dies lediglich vortäuscht.

2. Die Vermittlung von Zeichen und von Nicht-Zeichenhaftem

In Hinblick auf das Folgende seien zwei Arten von Vermittlung durch Kunstwerke unterschieden. Die erste Art ist die Vermittlung von Zeichen:

Wenn zum Beispiel durch Hölderlins berühmtes Gedicht *An Zimmern* im ersten Vers die Aussage vermittelt ist, dass die Linien des Lebens verschieden sind, dann ist durch ein Zeichen, nämlich durch das Gedicht, ein weiteres Zeichen vermittelt, da die vermittelte Aussage für etwas steht – für das nämlich, worauf sich die Aussage bezieht. Ebenso können durch ein Gemälde, also durch ein Zeichen, eine Farbe und eine Kontur vermittelt sein, die für eine Landschaft stehen; Farbe und Kontur des Gemäldes wären dann ihrerseits Zeichen.

Die andere Art der Vermittlung ist diejenige von

Dingen, die nicht für etwas stehen, die also im erläuterten Sinn keine Zeichen sind:

Durch ein Gedicht, also durch ein Zeichen, sei beispielsweise eine Betonung oder ein Gleichklang von Wörtern und ein Gefühl von Trauer vermittelt.

Doch Gleichklang oder Trauer müssen ihrerseits nicht als etwas vermittelt sein, das für etwas steht. Wenn sie nicht für etwas stehen, dann sind sie keine Zeichen.

Ebenso kann durch ein Gemälde, also ein Zeichen, eine Farbe oder eine Kontur vermittelt sein oder eine Landschaft – und auch diese vermittelten Dinge müssen nicht als etwas vermittelt sein, das für etwas steht, und also nicht als Zeichen.

3. Die Bekehrung des Hl. Paulus

3.1 Licht und gemalte Farbe

Die Bekehrung des Hl. Paulus: Paulus ist soeben vom Pferd gestürzt und blickt erschrocken in den Himmel; von hoch oben, zwischen den Wolken, sieht Christus auf die Erde und deutet wohl auf die dramatische Szene, vielleicht auch auf Paulus; von Christus aus und durch die Wolken strahlt nächtliches Licht auf das Getümmel von Pferden- und Menschenleibern.

Was also an einigen Stellen zu sehen ist, ist Licht. Denn da ist Helles und Strahlendes, und hinter Christus und zwischen den Wolken ist eine Lichtquelle zu sehen. Sie könnte ein sich ausbreitender Heiligenschein sein, da sich der Kopf Christi genau vor dem Mittelpunkt dieses, sagen wir, Mondkreises befindet.

Ein Licht, sein Strahlen, der mondartige Kreis: Diese Dinge könnten sowohl als Zeichen als auch als nichtzeichenhafte Dinge vermittelt sein. Ich beschränke mich hier auf ihre mögliche nichtzeichenhafte Vermittlung.

Durch das Gemälde sei das Lichtsein von einigen seiner Stellen vermittelt. Doch gerade für diese Stellen sei Licht nicht das einzige Vermittelte. Denn Rubens' Gemälde vermittelt auch, wie ich interpretiere, aus Farben gemalt zu sein; und deshalb ist für Stellen, deren Lichtsein vermittelt ist, auch ihr gemalte Farbe vermittelt.

Ist aber in Rubens' Gemälde an den Stellen, an denen gemalte Farbe zu sein vermittelt ist, auch Licht? Zumindest dann nicht, wenn, wie hier angenommen sei, für jene Stellen die Unvereinbarkeit vermittelt ist, zugleich Licht und gemalte Farbe zu sein.

3.2 Gemeinsames und Unvereinbares

Ich rekapituliere: Durch das Gemälde ist das Lichtsein gemalter Farbe an bestimmten Stellen vermittelt, doch an denselben Stellen das Unvereinbarsein von Licht und gemalter Farbe.

Zudem sind aber Gemeinsamkeiten der gemalten Farbe und von Licht vermittelt. Ein Gemeinsames sind eben die Stellen, an denen sowohl das Gemalte-Farbe-Sein als auch das Lichtsein vermittelt sind.

Ein zweites Gemeinsames der gemalten Farbe und des Lichts, das durch das Gemälde vermittelt ist, ist die Ordnung gemalter Farbe und die Ordnung des Lichts: Denn dort, wo die gemalte Farbe linienförmig ist, dort ist das Licht strahlenförmig; dort, wo ein gemalter farbiger Kreis zu sehen ist, ist auch etwas wie ein Mondlicht. Und so wie die gemalten Farblinien von oben nach unten führen, so scheint auch das Licht vom Himmel auf die Erde zu führen.

4. Ist das Vermittelte eine Metapher?

Metaphern, ob sie sprachlich sind oder bildlich oder musikalisch, werden zumeist als Zeichen verstanden, durch die etwas vermittelt wird.

Nach den meisten Analysen des Metaphorischen wird zudem angenommen, dass für eine Metapher die Vermittlung von Unvereinbarkeiten notwendig ist: Durch die Aussage, dass Achilles ein Löwe ist, wird auch vermittelt ist, dass Achilles ein Mensch ist.

Zugleich wird bei den meisten Analysen des Metaphorischen angenommen, dass für eine Metapher die Vermittlung von Gemeinsamkeiten notwendig ist: Durch die Aussage, dass Achilles ein Löwe ist, wird auch vermittelt, dass sowohl Achilles als auch Löwen stark und mutig sind.

Nun ist – nach meiner Interpretation – durch Rubens' Gemälde auch Gemeinsames vermittelt. Denn für bestimmte Stellen ist Licht zu sein und gemalte

Farbe zu sein vermittelt, aber auch die gemeinsame Ordnung gemalter Farbe und des Lichts.

Zudem ist durch Rubens' Gemälde auch Unvereinbares vermittelt, nämlich das Unvereinbare, an denselben Stellen gemalte Farbe und Licht zu sein.

Ich halte fest: Auch wenn man also interpretiert, das Vermittelte, nämlich die gemalten Farben und Licht, sei kein Zeichen, sind in diesem Fall zwei der zumeist für notwendig angenommenen Bedingungen für Metaphern erfüllt, die Zeichen sind.

Auch deshalb sei hier diese Konstellation von nichtzeichenhaft Vermitteltem als Metapher klassifiziert, obwohl sie eine Bedingung nicht erfüllt, die für Metaphern ansonsten zumeist als notwendig erachtet wird – nämlich ein Zeichen zu sein.[36]

4.1 Metaphern, die Zeichen, und Metaphern, die keine Zeichen sind

Metaphern, die Zeichen sind, können analysiert werden, ohne dass ihr Vermitteltsein, etwa durch ein Kunstwerk, Teil dieser Analyse ist.

So kann man beispielsweise erklären: Die Aussage, dass Achilles ein Löwe ist, ist unter diesen oder jenen semantischen oder pragmatischen Bedingungen metaphorisch. Anders verhält es sich mit dem, was hier als nicht-zeichenhafte Metapher verstanden wird: Vermitteltsein durch das Kunstwerk ist eine notwendige Bedingung für sie.

Denn nähme man an, dass auch das nichtvermittelte Gegebensein von etwas, das mit etwas anderem sowohl gemeinsame als auch unvereinbare Eigenschaften hat, eine Metapher sei, dann müsste man beispielsweise zugeben, dass ein Gesicht in einem Spiegel allein deshalb eine Metapher ist, weil das gespiegelte Gesicht doch kein Gesicht ist, jedoch mit dem Gesicht, das es spiegelt, gemeinsame Eigenschaften hat.

Das, was hier *zeichenlose Metapher* genannt wird, bezeugt, so meine ich, einen für Kunstwerke charakteristischen Zusammenhang von nichtzeichenhaften und zeichenhaften Vermittlungen: Denn wenn etwa durch Rubens' Gemälde für bestimmte Stellen die zeichenlose Metapher des Lichtseins gemalter Farbe vermittelt ist, dann liegt auch nahe, dass die – freilich nicht sprachlich ausgedrückte – Aussage vermittelt ist, dass an jenen Stellen des Gemäldes gemalte Farbe ein Licht ist, und ebenso die Aussage, dass gemalte Farbe in dem Gemälde kein Licht ist, und endlich die Aussage, dass die gemalte Farbe und das Licht in dem Gemälde analog geordnet sind.

4.2 Zu Wahrheit und Wirklichkeit von Metaphern

Metaphern, die Zeichen und Aussagen sind, können, jedenfalls zufolge der meisten Metapherntheorien, entweder wahr oder falsch sein. So wäre die Metapher, dass Achilles ein Löwe ist, dann wahr, wenn Achilles so stark und mutig wie ein Löwe ist, und falsch, wenn das nicht zutrifft.

Metaphern aber, die keine Zeichen sind, können nicht wahr oder falsch sein, sie haben keinen Wahrheitswert. Eine nichtzeichenhafte Metapher kann nur eine Tatsache sein – oder aber etwas, das fälschlich für eine Tatsache gehalten wird:

Gibt es in Rubens' Gemälde an bestimmten Stellen gemalte Farbe, die ein Licht ist? Diese Frage kann, wenn überhaupt, nur durch Erfahrungen beantwortet werden. Allerdings wären wir im Beispielfall wohl verlegen, Kriterien dafür anzugeben, was hier als eine Erfahrung gilt, die zur Erkenntnis einer Tatsache führt.

Wenn sich aber die Vermittlung von nichtzeichenhaften und zeichenhaften Metaphern in Kunstwerken häufig wechselseitig bedingt und wenn man beispielsweise der Aufforderung nachzukommen sucht, das Lichtsein gemalter Farbe zu erfahren, während man zudem die unausdrücklich vermittelte metaphorische Aussage erfasst, dass die gemalte Farbe ein Licht ist, dann kann die Erfahrung nicht zeichenhafter Metaphern dazu führen, die metaphorische Aussage für wahr und also das Lichtsein der gemalten Farbe für eine Tatsache zu halten – ob zu Recht oder zu Unrecht ist eine andere Frage.

**Zur Poesie und einem Gedicht,
das ein oder kein Palast ist**

1

sonett, palast[37]

aus all dem dunklen, böden, staub gestampft, errichtet
einladend sich dies haus, anheim euch, fest gestellt,
dass prunkvoll türmend, doch bedacht gefügt, geschichtet,
die leeren plätze greifend, raum in räumen sich gesellt,

weit dafür eingenommen uns; was da höfe hält,
auch worte, weiss einleuchtend, ist so reich gewichtet,
trägt bis zum letzten stein, leicht über auch, sei zelt,
das fernen anzuhimmeln ausmalt, fenster dichtet.

wie hell wir uns durch hallen wieder holen, spiegelnd
glanzvoll erschliessen; stufe über stufe schwingt
sich auf, uns hebt aus all den angeln, lauf beflügelnd,

vervielfacht tor um tor; gleich ein- sind, ausgeklinkt,
gekreuzt ist jeder gang mit sich, da tür aufspringt,
eröffnend, ja, entschlüsselnd uns, sich selbst besiegelnd.

2

A: Erkenntnis, so nehme ich an, ist auch durch Poesie möglich, sie muss nicht durch Theorien vermittelt sein.

B: Erkenntnis ohne Theorie? Was verstehst du da unter *Erkenntnis*?

A: Sowohl bei Theorien als auch bei der Poesie: Allgemeine wahre und in Relation zu schon vorhandenen Erkenntnissen relevante Aussagen. Wenn man aussagt: *Da geht a über die Straße*, und das ist wahr, dann ist das deshalb keine Erkenntnis, weil weder etwas Allgemeines noch etwas im hier gemeinten Sinn Erkenntnisrelevantes ausgesagt ist.

B: Und der Unterschied zwischen den Erkenntnismitteln Poesie und Theorie?

A: Theorien verlangen das Erfassen des Ausgesagten. Und das Erfassen des Ausgesagten ist auch hinreichend für die Vermittlung von Erkenntnis durch Theorien.

B: Und wie verhält es sich in der Poesie?

A: Da ist das Erfassen des Ausgesagten – wenn durch einen poetischen Text überhaupt etwas ausgesagt wird – notwendig für das Erfassen des Textes, nicht jedoch hinreichend. Und es ist auch nicht hinreichend für die Vermittlung von Erkenntnis durch Poesie.

B: Was ist dann noch notwendig für das Erfassen des poetischen Textes und für die Vermittlung von Erkenntnis durch ihn?

A: Erlebnisse, die durch den Text vermittelt sind. Etwa (wie häufig in Gedichten) sinnliche Wahrnehmungen (wie durch Reime oder Rhythmen), aber auch Gefühle, Stimmungen, Assoziationen, Konnotationen und andere semantische Beziehungen und endlich die Vorstellung der Gegenstände, auf die Bezug zu nehmen ist. Notwendig für poetische Erkenntnis sind also das Erfassen des durch den Text Ausgesagten *und* das, was der Text an Nicht-Aussagehaftem vermittelt.

B: Es gibt aber doch viele Texte, die sowohl poetische als auch theorie-charakteristische Eigenschaften haben.

A: Ja, natürlich. Deshalb beschränke ich mich hier vor allem auf Unterschiede zwischen Bedingungen für poesievermittelte und für naturwissenschaftlich-theoretische Erkenntnis. Denn dabei lassen sich diese Bedingungen besser voneinander unterscheiden.

B: Und wenn dann Texte sowohl poetische als auch theorie-charakteristische Eigenschaften haben, wie oft philosophische, literatur- und kunstwissenschaftliche Texte?

A: Dann können sie vielleicht sowohl Bedingungen für poesie- als auch für theorievermittelte Erkenntnis erfüllen. Wenn auch, sofern sie zu Recht als wissenschaftliche Texte klassifiziert werden, nicht im selben Ausmaß.

3

B: Und was für eine Erkenntnis könnte durch das zitierte Gedicht vermittelt sein?

A: Zum Beispiel, dass es ein Palast ist.

B: Dass das Gedicht ein Palast ist!? Und was soll dafür sprechen?

A: Zunächst, dass durch das Gedicht eben dies ausgesagt wird.

B: In dem Gedicht kommt die Aussage, dass das Gedicht ein Palast ist, doch gar nicht vor.

A: Ja, aber zufolge einer, wie ich glaube, plausiblen Deutung des Gedichts, wird das sozusagen zwischen den Zeilen ausgesagt.

B: Inwiefern aber ist diese Deutung, dass das Gedicht aussagt, es sei ein Palast, überhaupt plausibel?

A: Insofern in dem Gedicht zum Beispiel viele Wörter vorkommen, die sich auf Palastteile und Palasteigenschaften beziehen. Wörter wie: *böden, errichtet, haus, geschichtet, bedacht, höfe, gefügt, raum* usw. –

Das Gedicht besteht zum großen Teil aus solchen
Wörtern.

B: Das reicht aber noch nicht.

A: Ja, es kommt dazu, dass bestimmte Palastteile
und Palasteigenschaften durch Homonyme mit
bestimmten Eigenschaften des Denkens und anderen mentalen Zuständen, aber auch mit semantischen Eigenschaften der Sprache gleichgesetzt sind.
So bestehen manche Paläste aus materiellen Schichten – aber man sagt auch von Gedichten, dass sie
Bedeutungsschichten haben, dass sie in diesem Sinn
vielschichtig sind. Durch den Gleichklang wird, so
deute ich, vermittelt, dass dieses Geschichtetsein
im ersten und das Geschichtetsein im zweiten Sinn
gleich sind.

B: Es wird also zum Beispiel durch das Homonym
geschichtet die Aussage vermittelt, dass die materiellen Schichten von Palästen und die Bedeutungsschichten das Gleiche sind?

A: Ja, aber es ist eben nicht nur diese Aussage vermittelt, sondern auch das Erleben dieser Gleichheit.
Denn in gewissem Sinn führt das Homonym diese
Gleichheit vor: Was durch ein- und denselben Klang
bezeichnet wird, soll deshalb auch als gleich erlebt
werden.

B: Und deshalb soll zwischen den Zeilen des Gedichts
vermittelt sein, dass das Gedicht ein Palast ist?

A: Für diese Deutung spricht vor allem, dass in dem Gedicht so viele analoge Homonyme vorkommen: Fenster werden (ab)gedichtet, aber man kann auch sagen, man (er)dichtet Fenster. Und wenn etwas aus dem Dunklen, aus Böden gestampft ist, dann könnte das ebenso gut ein Gedanke wie ein Gedicht, aber auch ein Gebäude sein. Auch kann man ein Gebäude fest hinstellen, aber man kann auch aussagend oder dichtend etwas feststellen. Oder: Man malt etwas aus, sei es in seiner Vorstellung oder sei es eine Wand. Ein Gang wiederum kann ein Gedankengang sein oder ein Gang in einem Palast. – Vieles in dem Gedicht spricht diese doppelte Sprache. Deshalb ist – per Induktion sozusagen – die Aussage zu erschließen, dass das Gedicht ein Palast ist.

B: Ob man allerdings die Aussage, dass das Gedicht ein Palast ist, dann für wahr oder für falsch hält oder für baren Unsinn, oder ob man sich diesbezüglich nicht entscheiden kann, ist eine andere Frage.

A: Ja, und ob und wie man sie beantwortet, hängt davon ab, ob man das Gedicht als Palast erlebt oder dies wenigstens für erlebbar hält, und wie man dieses Erleben oder seine Möglichkeit bewertet. Und diese Frage stellt sich umso dringender, als auch die Deutung plausibel ist, dass durch das Gedicht vermittelt ist, dass es kein Palast ist.

B: Wie? Durch das Gedicht wird sowohl ausgesagt, dass es ein Palast ist, als auch, dass es kein Palast ist?

A: Ja, und nicht nur wird beides ausgesagt, sondern es soll auch beides erlebt werden oder wenigstens für erlebbar gehalten werden.

B: Es wird also in dem Gedicht Widersprüchliches ausgesagt und Gegensätzliches zu erleben aufgefordert?

A: Ja, so ist es.

B: Und welche Hinweise gibt es für die Deutung, dass vermittelt ist, das Gedicht sei kein Palast?

A: Es gibt eine ganze Reihe solcher Hinweise. Zum Beispiel, dass so viele Homonyme vorkommen. Das Zufällige desselben Klangs bei unterschiedlichen Bedeutungen kann dann deutlich werden.

B: Eben sollten die Homonyme doch noch das Gegenteil zeigen: Dass die Dinge gleich sind, auf die sie sich beziehen.

A: Die Homonyme, gerade weil sie so häufig vorkommen, spielen hier selbst eine doppelte Rolle. Sie können als Kalauer empfunden werden, und so kann das Zufällige des Gleichklangs deutlich werden und das Seltsame und Unglaubwürdige des Schlusses auf eine entsprechende Gegenstandsgleichheit. Würde man mich angesichts des Verfassens eines Gedichtes fragen: Was dichten Sie denn da, und man antwortete *Fenster*, dann könnte man darüber lachen. Ebenso, wenn ein Dachdecker gefragt würde: Was haben sie bedacht? Und er antwortete: Meine Zukunft.

B: So gesehen kann es komisch wirken, aufgrund von Kalauern auszusagen, dass das Gedicht ein Palast ist. Und vielleicht ist die Aussage dann auch nicht ernst zu nehmen.

A: Mit diesen Hinweisen auf die Diskrepanz zwischen den Zeichen und ihren Gegenständen sind, so interpretiere ich, logisch unvereinbare Hintergrundannahmen vermittelt: Wird beispielsweise *Dichten* im Sinne des Fensterdichtens mit der Annahme verbunden, dass Fensterdichten sinnlich wahrnehmbar ist und man dabei mit Materiellem umgeht, dann ist logisch ausgeschlossen, dass es wahr sein kann, dass ein Gedicht in diesem Sinn *gedichtet* ist, wenn man zugleich annimmt, das Gedichtete selbst sei wesentlich Nicht-Materielles, nämlich Mentales und Semantisches. Und da durch die Homonyme eine ganze Reihe solch einander logisch ausschließender Hintergrundannahmen ins Spiel gebracht sind, ist eben zwischen den Zeilen ausgesagt, dass das Gedicht kein Palast ist.

B: Dass ein und dasselbe Wort für kategorial Unvereinbares gebraucht wird, soll also die kategoriale Unvereinbarkeit des Gedichts mit Palästen nahelegen.

A: Ja, und tatsächlich ist diese Unterscheidung von materiellen und sinnlich wahrnehmbaren Dingen und solchen die, wie Mentales und Semantisches, eben dies angeblich nicht sind, fundamental. Sie entspricht einer so fundamentalen wie vertrauten Ontologie.

4

B: Spricht es aber nicht gegen die Erkenntnismöglichkeit eines Gedichts, wenn es sowohl eine Aussage als auch ihre Negation vermittelt?

A: Ich glaube nicht. Denn negativ zu bewerten wäre dieser Widerspruch nur, wenn es sich um eine Theorie handelte: Eine Theorie soll widerspruchsfrei sein. Aber auch eine naturwissenschaftliche Theorie fragt: Liegen die Dinge so, wie sie diese aussagt, oder liegen die Dinge nicht so? Und dann soll eines von beiden durch die Erfahrung, das heißt durch Experimente, bestätigt und das andere ausgeschlossen werden.

B: Aber Erfahrung ist doch bei einer naturwissenschaftlichen Theorie etwas einigermaßen anderes als das, was du als durch Poesie vermittelte Erfahrung annimmst. Erfahrungen, die durch Theorien vermittelt sind, sind als erlebnisunabhängige Ereignisse aufzufassen. Und sie sind gerade nicht das Erleben von Einzelnen und schon gar nicht das Erleben des theoretischen Textes, der die Erfahrungen vermittelt, das heißt sie beschreibt und erklärt.

A: Ja, deshalb sind Experimente und das Erfassen einer naturwissenschaftlichen Theorie methodisch strikt voneinander getrennt. Die Erfahrung des Erfassens der Theorie soll gerade nicht mitbedingen, ob wir das, was die Theorie aussagt, für wahr oder aber für falsch halten. Ausschlaggebend dafür sollen allein bestimmte Ereignisse sein, die Gegenstand der Theorie sind.

In der Poesie dagegen können Erfahrung – das Experiment – und das Erfassen des Textes zusammenfallen. Was wir beim Lesen eines literarischen Texts erleben, kann die Erfahrung sein, die uns davon überzeugt, eine Aussage für wahr oder aber für falsch zu halten. Und da auch das Aussagen selbst als Erlebnis ins Gewicht fallen kann, kann das Erlebnis des Aussagens unsere Wahrheitswertzuschreibung mitbedingen. Was das zitierte Gedicht angeht: Es gehört dann sozusagen zum Experiment, sich sowohl dem Erleben der Aussage als auch dem Erleben ihrer Negation auszusetzen.

B: Das ist nicht leicht zu akzeptieren. Denn es steht nicht nur im Gegensatz zu jeglicher Wissenschaft und Theorie, sondern auch im Gegensatz zu unserer Alltagserfahrung und dann auch zu unserer gewohnten Auffassung, dass Texte lediglich Mittel sind, Erfahrungen wiederzugeben oder auszudrücken.

A: Ja, Texte selbst als Prüfstein für die Wahrheit dessen anzusehen, was sie aussagen, ist vielleicht vor allem eine charakteristische Eigenschaft der Poesie.

B: Soll man nun sowohl ernst nehmen, dass das Gedicht ein Palast ist, als auch, dass es kein Palast ist?

A: Ja, vielleicht. Man könnte natürlich auch beides oder eines von beiden nicht ernst nehmen. Dass das Gedicht ein Palast ist, etwa deshalb nicht, weil man das vor dem Hintergrund der vertrauten Ontologie für unsinnig hält oder wegen der erwähnten Kalauer ein mögliches Ernstnehmen als gleichsam parodiert empfindet. Und dass das Gedicht kein Palast ist, könnte man vielleicht deshalb nicht ernstnehmen, weil das vor jenem vertrauten ontologischen Hintergrund trivial erscheint. Ich glaube aber, das Gedicht fordert zumindest unter anderem dazu auf, beide Aussagen ernst zu nehmen.

B: Und wenn man nun annimmt, es sei wahr, dass das Gedicht ein Palast ist?

A: Dann impliziert das, dass es auch wahr ist, dass Paläste Eigenschaften haben, die nicht ausschließen, dass auch ein Gedicht ein Palast sein kann. Und wenn es sich so verhält, dann ist etwas ontologisch Grundlegendes und womöglich Erkenntnisrelevantes über Paläste ausgesagt.

B: Was wäre dieses Grundlegende?

A: Dass diejenigen Eigenschaften, die man normalerweise von Palästen verlangt – insbesondere die, materiell oder sinnlich wahrnehmbar zu sein – , für diese nicht notwendig sind, sondern dass Paläste aus Gedanken und Vorstellungen, ja, überhaupt aus mentalen Zuständen und auch aus Semantischem bestehen können.

B: Ein schönes neues Jerusalem!

A: Dieser Palast, der beim Lesen des Gedichts erlebt würde, wäre dann in wesentlichen Hinsichten ein nicht sinnlich wahrnehmbarer und nichtmaterieller Palast, sondern ein Gedanken- oder Vorstellungs- oder Bedeutungsgebäude, aber dennoch tatsächlich ein Palast. Paläste wären dann also etwas, das mit mindestens dem zitierten Gedicht, nämlich mit seinen semantischen und mentalen Komponenten, kategorial vereinbar wäre.

B: Doch warum soll man ontologisch so fundamentale Kategorien aufgrund von Leseerlebnissen revidieren und glauben, man habe etwas Grundlegendes über die Wirklichkeit erkannt? Das scheint doch reichlich verwegen.

A: Vielleicht. Aber eine Verwegenheit dieser Art gehört womöglich zur Poesie. Oder sie wirft wenigstens ein Licht auf bestimmte ihrer Möglichkeiten.

6

B: Gibt es aber solche Leseerlebnisse überhaupt, die einen veranlassen, etwas so Exzentrisches ernst zu nehmen? Die eine so radikale Revision der Ontologie als plausibel erscheinen lassen?

A: Da bin ich mir nicht sicher. Wenn es sie gibt, dann wohl deshalb, weil der Umgang mit Poesie in einen ungewöhnlichen Zustand versetzen kann. – Robert Musil würde vielleicht sagen: in einen *anderen Zustand*.

B: Auf solchen Zuständen lassen sich doch keine verlässlichen Erkenntnisse gründen. Einmal ist man bei der Lektüre vielleicht in einem Zustand, das nächste Mal wieder in einem anderen.

A: Vielleicht kann man aber solchen Zuständen dennoch mehr trauen als jenen, die die vertraute Ontologie mitbedingen.

B: Vernünftig ist das wohl nicht.

A: Ich behaupte auch nicht, selbst zu glauben, dass jemals irgendein Gedicht ein Palast ist – jetzt wenigstens nicht, in dieser prosaischen Darlegung, da ich vielleicht in einem anderen mentalen Zustand bin als beim Lesen des Gedichts.

B: Auch diesen Dialog könnte man doch zum Umgang mit dem Gedicht zählen.

A: Ja, aber ich behaupte jedenfalls jetzt nicht, ich hätte selbst erlebt, dass dieses Gedicht ein Palast ist. Und so seltsam das klingen mag: Es kommt vielleicht nicht darauf an, ob reale Lesende das erleben und damit die Aussage als verifiziert annehmen.

B: Sondern worauf dann?

A: Dass beim Lesen so etwas erlebt werden könnte. Und dass das Gedicht die Möglichkeit dazu bietet und dazu auffordert, sie zu verwirklichen.

B: Warum aber hältst du diese Möglichkeit, dass das Gedicht ein Palast ist, überhaupt für so wichtig, dass du sie ernsthaft in Erwägung ziehst und die Bedingungen für diese Möglichkeit untersuchst? Wie kann man etwas so Obskurem überhaupt eine ernsthafte Betrachtung widmen?

A: Vielleicht liegt der Eindruck des Obskuren tatsächlich an dem Gedichtbeispiel. Ich hoffe aber, es ist eher extrem als obskur. Und zeigt bestimmte Folgen davon, dass die Poesie einen textabhängigen Erfahrungsbegriff und damit anders und Anderes zu erleben verlangen kann – und wir deshalb veranlasst sein können, unsere vertraute Ontologie auf ihr Spiel zu setzen.

B: Wenn es wahr wäre, dass das zitierte Gedicht ein Palast ist, dann bedeutet das doch auch: Dieser Palast ist im selben Sinn gegenwärtig wie das Gedicht selbst. Denn das Gedicht ist ja gegenwärtig, wenn man es liest.

A: Das wäre eine Konsequenz davon. Obwohl ganz unklar ist, in welchem Sinn etwa Semantisches gegenwärtig ist.

B: Was ich lese, wenn ich das Gedicht lese, ist doch kein Palast!

A: Nein, sicher nicht – solange man die vertraute Ontologie nicht antastet.
   Vielleicht aber doch, frei nach Magritte: Das ist keine Pfeife, obwohl da doch eine ist.

B: Diese Idee, dass in der Poesie ihre Gegenstände präsent sind, kommt in jeder zweiten Poesie-Sonntagsrede vor und in jeder dritten wohlwollenden Rezension. Das ist doch ein Klischee. Und auch ein Gedanke, der mit ernst zu nehmenden linguistischen oder philosophischen Theorien des Zeichens nicht vereinbar ist.

A: Das könnte auch an der Form der Theorie liegen, zu der es ja gehört, die Unterscheidung von ihren Gegenständen vorauszusetzen. Dass Poesie nicht die Form der Theorie hat und dennoch oder gerade deshalb etwas ontologisch Fundamentales auszusagen und zu erleben auffordern kann und vielleicht tatsächlich zu erkennen ermöglicht, hängt vielleicht damit zusammen.

B: Tatsächlich legt wohl die Poesie selbst heute in den allermeisten Fällen den Widerspruch zu dieser Möglichkeit nahe. Sagen nicht sowohl ernst zu nehmende Theorien als auch ernst zu nehmende poetische Texte gleichsam: Das Gedicht ist kein Palast?

A: Ja, wie meiner Deutung zufolge das zitierte Gedicht auch selbst. Vielleicht erlaubt erst diese Widersprüchlichkeit, Zeichen und ihr Verhältnis zu den Dingen, auf die sie sich beziehen, aufs Neue und wie voraussetzungslos zu erleben und zu erkennen. Als ob ein poesiegemäßer Zeichenbegriff sich erst durch die Poesie selbst entwickeln und erkennen ließe.

B: Es könnte aber – gerade angesichts maßgeblicher Zeichentheorien, ja überhaupt des Maßstabs theoretischer Erkenntnis – irrational sein, das Erleben der Gegenwart des Palasts als Gedicht nicht als Illusion oder Täuschung zu klassifizieren.

A: Aber es könnte doch auch genau umgekehrt sein. Hier ist man sich selbst überlassen, nämlich mehr oder weniger verlässlichen Annahmen und Intuitionen; auch den eigenen Lebenserfahrungen und eben nicht zuletzt der Poesie selbst.

8

B: Liegt im Übrigen nicht viel näher, die Aussage, dass das Gedicht ein Palast ist, als eine Metapher zu lesen?

A: Ich behaupte nicht, dass diese Aussage keine Metapher ist. Aber was verstehst du hier unter einer Metapher?

B: Dass durch das Gedicht vermittelt ist, es habe mit Palästen etwas gemeinsam. Etwa, dass das Gedicht Symmetrien besitzt und so prunkvoll oder so wenig überlebensnotwendig ist wie ein Palast. Und dergleichen könnte man leicht zugeben; diese Metapher könne man ohne Weiteres für wahr halten.

A: Wenn man dann auch für wahr hält, dass das Gedicht kein Palast ist, dann bleibt aber alles beim ontologisch Vertrauten. Dass das Gedicht ein Palast ist, diese Aussage als solche ist dann weder wörtlich noch ernst zu nehmen.

B: Das muss ja kein Schaden sein. Außerdem entspricht es doch einer geläufigen Metapherntheorie, dass die metaphorische Aussage nicht wörtlich und ernst zu nehmen ist, sondern lediglich der Hinweis auf Eigenschaften oder Beziehungen ist, von denen ausgesagt wird, dass sie die metaphorisch gleichgesetzten Dinge gemeinsam haben.

A: Damit ist aber nur eine bestimmte Art von Metapher erklärt, nicht jedoch eine Art von Metapher, die auch durch das Gedicht vermittelt wird.

B: Und wenn man die Aussage ernst nimmt und annimmt, es sei wahr oder aber falsch, dass das Gedicht ein Palast ist, dann ist die Aussage wörtlich zu verstehen?

A: So einfach ist das nicht. Dass das Gedicht ein Palast ist, ist tatsächlich als Metapher zu lesen, und dennoch kann sowohl diese Aussage als auch ihre Negation ernst zu nehmen und wörtlich zu verstehen sein.

B: Wörtlich und als Metapher zugleich? Wie soll das sinnvoll möglich sein?
Worin bestünde dann bei dieser Art von Metapher das Metaphorische?

A: Zunächst darin, dass beides ausgesagt wird: sowohl, dass das Gedicht ein Palast ist, als auch, dass es kein Palast ist.

B: Das unterscheidet aber eine Metapher noch nicht von einem Widerspruch in einem theoretischen Text.

A: Ja, dass beides ausgesagt wird, reicht nicht für das Metaphorische. Es kommt noch dazu, dass der Widerspruch selbst zur Bedeutung der Metapher gehört.

B: Das wäre allerdings bei den meisten theoretischen Texten, jedenfalls bei naturwissenschaftlichen Theorien, nicht der Fall. Dort sind Widersprüche Fehler, die zu beseitigen sind. Was für eine Rolle spielt dann aber hier der Widerspruch, wenn er doch kein Fehler ist?

A: Zu vermitteln, dass sowohl die positive als auch die negierte Aussage zu überprüfen ist. Eben durch das textvermittelte Erleben. Und ebenso ist der Widerspruch als Kollision von Gegensätzen zu erleben. Das Erlebnis von Gegensätzlichem gehört zu dieser Prüfung.

B: Wenn man dergleichen eine Prüfung nennen will! Auch unter diesen Bedingungen aber müsste die positive Aussage, dass das Gedicht ein Palast ist, nicht als metaphorisch aufgefasst werden. Das reicht also auch nicht hin für das Metaphorische.

A: Ja, auch das ist nur notwendig für diese Art von Metapher. Dazu muss noch kommen, dass durch die Aussage, dass das Gedicht ein Palast ist, eine bestimmte Art von Beziehung des Gedichts zu Palästen vermittelt ist.

B: Die Gemeinsamkeiten des Gedichts mit Palästen – wie etwa prunkvoll, symmetrisch oder nicht lebensnotwendig zu sein – sind doch solche Beziehungen. Worin besteht dann der Unterschied zur geläufigen Art der Metapher?

A: Angenommen, es ist durch die Metapher vermittelt, dass das Gedicht und Paläste beide vielschichtig sind, also aus vielen Schichten bestehen.

B: Dann sollen das Gedicht und Paläste im wörtlichen Sinn des Wortes vielschichtig sein. Darin soll doch die Gemeinsamkeit bestehen, die durch die Aussage, dass das Gedicht ein Palast ist, vermittelt ist?

A: So scheint es zunächst. Aber während sowohl Gedichte als auch Paläste prunkvoll, symmetrisch usw. im wörtlichen Sinn sein können, ist es fragwürdig, ob ein Gedicht im wörtlichen Sinn vielschichtig sein kann.

B: Willst du sagen, dass Wörter wie *vielschichtig*, *entschlüsseln* und *dichten* nicht nur als das vermittelt sind, was das Gedicht und Paläste wörtlich gemeinsam haben, sondern auch ihrerseits als Metaphern?

A: Ja. Und eine solche Metapher ist dann zum Beispiel: Geschichtetsein 1 (des Gedichts) ist Geschichtetsein 2 (von Palästen).

B: Aber man kann doch im wörtlichen Sinn von der Vielschichtigkeit eines Gedichtes sprechen.

A: Ja, und normalerweise hat das keine ontologischen Konsequenzen. Da ist etwas im wörtlichen Sinn *vielschichtig*, wenn es mehrere Bedeutungen hat.

B: Und warum soll man *vielschichtig* in dem Gedicht nicht so verstehen?

A: Weil, wie schon oben ausgeführt, das Gedicht bestimmte Hintergrundannahmen und mit ihnen ontologische Festlegungen durch die zahlreichen Homonyme und die damit verbundenen Gleichsetzungen sozusagen aktualisiert.

B: Und für den Begriff *vielschichtig* wäre das welche Hintergrundannahme?

A: Dass etwas, das aus Schichten besteht, etwas Materielles ist und damit etwas, das, wenigstens prinzipiell, sinnlich wahrnehmbar ist.

B: Also ist in dem Gedicht die Rede von Bedeutungsschichten sozusagen metaphorisiert.

A: Jedenfalls nicht nur als wörtlich zu lesen. Und das heißt hier: Es ist auch vermittelt, dass vielschichtig 1 (des Gedichts) nicht vielschichtig 2 (des Palasts) ist. Und das Analoge gilt für die anderen Homonyme, zum Beispiel für *fest gestellt, bedacht, gefügt, platzgreifend, Raum* usw.

B: Und was für Implikationen hat das für das, was du hier als eine Art von Metapher erklärst?

A: Nimmt man an, mit *vielschichtig* sei sinnlich Wahrnehmbares und Materielles mitgemeint, kann etwas in diesem Sinn Vielschichtiges keine mentalen oder semantischen Eigenschaften des Gedichtes bezeichnen, da diese doch – vertrauter Ontologie zufolge – weder sinnlich wahrnehmbar noch materiell sind. Versteht man aber, umgekehrt, *vielschichtig* auf Bedeutungen oder Mentales bezogen wörtlich, dann verwendet man das Wort so, dass es auf Paläste nicht mehr zutreffen kann, die doch gerade sinnlich wahrnehmbar und materiell sein sollen.

Wenn man dennoch annimmt, die durch die Homonyme vermittelten Gemeinsamkeiten des Gedichts mit Palästen haben etwas gemeinsam, dann muss man also die erwähnte ontologische Revision vornehmen. Nur dann könnte die Metapher, dass das Gedicht ein Palast ist, sofern durch sie in jenen Homonyme Gemeinsamkeiten vermittelt sind, überhaupt wahr sein. Denn ansonsten ist logisch ausgeschlossen, dass das Gedicht und Paläste die durch die Homonyme bezeichneten Dinge gemeinsam haben.

B: Nur dann kann man annehmen, dass sowohl der, sagen wir, mentale Gang des Gedichts und also auch der Gang durch den oder im materiellen Palast im wörtlichen Sinn zu verstehen sind. Man könnte aber trotzdem glauben, dass die Metapher falsch ist. Sei es die Metapher, dass das Gedicht ein Palast ist, oder seien es die vielen Metaphern, die durch die Homonyme vermittelt sind.

A: Ja, allerdings. Was man diesbezüglich glaubt, hängt eben davon ab, was man erlebt oder mindestens für erlebbar hält. Und das Gedicht verlangt auch, dass man Gründe dafür sucht, die Metaphern für falsch zu halten, da es doch auch vermittelt, dass es kein Palast ist, und das Analoge auch, trotz all der erwähnten Homonyme, also etwa, dass vielschichtig 1 (des Gedichts) nicht vielschichtig 2 (von Palästen) ist. Man ist also durch die Negationen der metaphorischen Aussage aufgefordert, Unterschiede zwischen dem Gedicht und Palästen zu erleben. Und diese Unterschiede sind in dem Gedicht auch durch die vertraute Ontologie vermittelt, durch die logisch ausgeschlossen ist, dass ein Gedicht ein Palast sein kann.

Zugleich vermittelt die Metapher jedoch, dass die Gemeinsamkeiten des Gedichts mit Palästen als so schwerwiegend erlebt werden können, dass sie veranlassen, die Eigenschaften, die man als für Paläste notwendig angenommen hat, insbesondere die, materiell und sinnlich wahrnehmbar zu sein, als nicht für sie notwendig anzunehmen. Ein Palast kann dann im selben Sinn vielschichtig wie ein Gedicht sein.

B: Was wären also nun die notwendigen Bedingungen dafür, dass die Aussage, dass das Gedicht ein Palast ist, die Art von Metapher ist, die du im Sinn hast und die auch durch das Gedicht vermittelt ist?

A: Was das mit einer solchen Metapher Ausgesagte angeht: Zum einen, dass sowohl die Aussage, dass das Gedicht ein Palast ist, als auch ihre Negation vermittelt ist. Zum zweiten, dass Aussagen über Gemeinsamkeiten (etwa des Gedichts mit Palästen) und ebenso Unterschiede (etwa des Gedichts von Palästen) vermittelt sind. Zum dritten, dass die positive Aussage und die ausgesagten Gemeinsamkeiten für wahr zu halten, eine ontologische Revision implizieren. Diese Bedingungen zusammen sind, so schlage ich jetzt vor, hinreichend für diese Art von Metapher und definieren sie also.

B: Und was für eine Rolle spielt dabei, dass das Ausgesagte und die Aussagen selbst auch zu erleben sind?

A: Dass das Wörtlich- und das Ernstnehmen der Aussage, dass das Gedicht ein Palast ist, selbst lediglich Moment des metaphorischen Prozesses sind. Man könnte also damit beginnen, für wahr zu halten, dass das Gedicht kein Palast ist, und dann aufgrund der erlebten Gemeinsamkeiten von Palästen und dem Gedicht, aber auch des Erlebens der Aussagen selbst, sich davon überzeugen lassen, dass es doch ein Palast ist und die entsprechende ontologische Revision vornehmen.

B: Und am Ende der Rezeption kann dann jemand davon überzeugt sein, dass das Gedicht ein Palast ist?

A: Das ist ein mögliches Ende, aber der metaphorische Prozess muss keineswegs zielgerichtet verlaufen. Und er muss auch gar nicht zu einem Ziel kommen. Ebenso gut kann das Erleben des Gedichts dazu führen, nicht zu entscheiden, ob man es für wahr oder für falsch hält, dass das Gedicht ein Palast ist, und ob man die ontologische Revision für plausibel hält. Und ebenso gut kann man im Laufe des Lesens diesbezüglich immer wieder schwanken. Dass das Gedicht ein Palast ist, kann man einmal für wahr, dann wieder für falsch halten, die ontologische Revision einmal vornehmen und dann wieder an der vertrauten Ontologie festhalten. Man kann sich bewegen, zwischen diesen Möglichkeiten gleichsam oszillieren.

B: Und wenn man sich als Ende des Prozesses darauf festlegt, dass das Gedicht kein Palast ist?

A: Dann hält man die Metapher, sofern sie durch die Homonyme Gemeinsamkeiten vermittelt, für falsch. Und vor dem Hintergrund der vertrauten Ontologie hält man dann auch die durch die Homonyme vermittelten Metaphern für falsch, sofern diese wiederum jene Gemeinsamkeiten vermitteln, die nur dann möglich sind, wenn man jene ontologische Revision vornimmt. Was Gemeinsamkeiten des Gedichts mit Palästen – wie prunkvoll und symmetrisch oder nicht lebensnotwendig sein – angeht, kann man allerdings die Metapher immer noch für wahr halten, ohne sich auf eine solche Revision einzulassen.

9

B: Wenn das Gedicht tatsächlich ein Palast wäre, wenn Gedichte also Paläste sein können, wäre das eine Erkenntnis, die allein durch die Poesie möglich ist, oder könnte sie auch auf andere, nicht poetische Weisen vermittelt werden?

A: Vielleicht wäre sie allein durch die Poesie möglich. Vielleicht müssen die Gegenstände solcher Erkenntnisse durch Poesie vermittelt erlebt werden, um überhaupt erkannt werden zu können, um also wahre Aussagen über sie machen zu können.

B: Wenn man aber zum Beispiel von bestimmten mentalen Zuständen berichtet, dann sind diese Erlebnisse, wenn nicht unbedingt durch Texte, so doch durch sprachliche Äußerungen vermittelt. Wird man da nicht aufgefordert, das mit- oder nachzuerleben, was einem mitgeteilt wird? Und ist die Möglichkeit, solche Gegenstände zu erkennen, und also wahre Aussagen über sie zu machen, dann nicht auch von diesem Miterleben abhängig?

A: Würden wir aber aufgrund des Erlebens eines solchen Berichts erst entscheiden, ob die berichtete Aussage wahr oder aber falsch ist? Wenn nicht, dann könnte von Erkenntnis im Sinne der Poesie doch nicht die Rede sein.

B: Versprecher zum Beispiel oder eine bestimmte Rhetorik können doch viel verraten und also sehr wohl zur Entscheidung darüber beitragen, ob dabei mitgeteilte Aussagen für wahr oder aber für falsch zu halten sind.

A: Einverstanden. Aber dabei stehen doch keine ontologischen Revisionen auf dem Spiel.

B: Sie könnten sehr wohl auf dem Spiel stehen: Das Es und das Über-Ich Freuds könnten Entitäten sein, deren Existenz gerade aufgrund des Miterlebens oder Nachvollziehens von Patientenberichten angenommen wird. Das enthält ja womöglich eine Revision einer Ontologie, in der es ein Es und ein Über-Ich gerade nicht gibt.

A: Ja, zugegeben. Wenn es Erkenntnisse gibt, die allein durch die Poesie möglich sind, dann müssen noch andere Bedingungen dazu kommen. Vielleicht ist für die Vermittlung dieser Erkenntnisse auch notwendig, dass Erlebnisse gerade durch die poetischen Eigenschaften des Textes vermittelt werden.

B: Aber auch das könnte für Erkenntnisse durch eine Psychologie, wie sie durch Patientenberichte vermittelt werden, zutreffen. Wie gesagt: Rhetorik, zum Beispiel Metaphern und Mehrdeutigkeiten oder auch elliptische Syntax, könnten Erkenntnisse im Sinne einer Psychologie wie der Freuds vermitteln.

A: Vielleicht ist die für die Poesie spezifische Bedingung, die allein notwendig und hinreichend für poetische Erkenntnis wäre, dass der poetische Text selbst Komponente der Gegenstände ist, auf die er zu beziehen ist.

B: Das hieße: Die zu erkennenden Gegenstände müssen selbst auch semantische und mentale Eigenschaften haben?

A: Ja, so wie das Gedicht vermittelt, dass es selbst ein Palast ist, und damit auch impliziert, dass Paläste selbst sprachliche, nämlich semantische und ebenso mentale Eigenschaften haben.

B: Aber könnte das nicht auch auf Erlebnisberichte oder Introspektionsberichte zutreffen? Man denke etwa an eine Psychologie wie die Lacans. Sie nimmt gerade an, dass auch der Gegenstand ihrer Erkenntnis sprachlich strukturiert ist. Das heißt, der Gegenstand des Berichts über Mentales hat dieser Psychologie zufolge dann selbst mentale und semantische Eigenschaften.

A: Aber der Bericht ist dann, anders als das in einem poetischen Text möglich ist, nicht zugleich als sein eigener Gegenstand vermittelt. In einem poetischen Text dagegen müssten dann seine eigenen semantischen oder mentale Eigenschaften auch als Eigenschaften der Gegenstände vermittelt sein, die zu erkennen sind. Und gerade das ist vielleicht eine spezifische Bedingung für eine Erkenntnis, die allein durch poetische Texte möglich ist.

B: Aber dann können doch nur der Text selbst oder seine Eigenschaften Gegenstände der Erkenntnis sein?

A: Nein, gerade deshalb können Erkenntnisse über alle möglichen Dinge gewonnen werden, auch über Dinge, die nicht ausschließlich sprachliche oder mentale Eigenschaften haben. – Wie in dem Gedicht vielleicht eine Erkenntnis von Palästen.

B: Wie könnte man das erklären?

A: Vielleicht damit, dass Sprachlichkeit bzw. Semantisches oder auch Mentales, ja, die Poesie selbst, in wie immer verborgener Weise den ansonsten als nicht sprachlich angenommenen Gegenständen innewohnt. Daher können bestimmte Eigenschaften von Gegenständen, die als jenseits ihres Erlebtwerdens und der Sprache gedacht werden (wie zum Beispiel Paläste), womöglich erst dann erkannt werden, wenn sie durch eine Poesie vermittelt sind.

Aber das ist eine Spekulation, die mehr auf einer Ahnung beruht als auf einem greifbaren Erleben.

B: Ich fürchte deine Ausführungen implizieren, dass du Ahnungen nicht viel weniger ernst nimmst als handfestere Formen des Erlebens.

10

B: Und wie verhält es sich mit diesem Dialog? Könnte er auch zu der Überzeugung führen, dass das Gedicht ein oder aber kein Palast ist?

A: Der Dialog allein wohl nicht. Aber vielleicht gemeinsam mit dem Gedicht, da der Dialog eine Deutung des Gedichts enthält und den Umgang mit dem Gedicht voraussetzt.

B: Warum nicht der Dialog allein?

A: Weil das, was er vermittelt, vor allem aus Annahmen und Argumenten besteht, also aus Ausgesagtem. Insofern ist er etwas Theorieähnliches und kann deshalb nicht genug zur Erfahrung, dass das Gedicht ein Palast ist, beitragen, und ebenso wenig zu der, dass es kein Palast ist. Immerhin aber könnte der Dialog zeigen, dass die Gründe für die Möglichkeit von Erkenntnis durch Poesie in Eigenschaften des poetischen Zeichengebrauchs zu suchen sind, der, eben um der Erkenntnis bestimmter Gegenstände oder ihrer Eigenschaften willen, poetische Form hat – und nicht die Form der Theorie.

B: Die Theorie könnte also immerhin plausibel erscheinen lassen, dass die Möglichkeit besteht, dass ein Gedicht ein Palast sein kann. Das ist aber nicht viel. Denn auf dieser Ebene ist ja fast alles möglich, außer etwa, dass eine widersprüchliche Aussage wahr und ein Kreis viereckig sein kann.

A: Und wie, wenn dieser Dialog auch eine Folge des Gedichts und dessen ist, was es uns erleben lässt?

B: Wenn nicht auch einer der Gründe für das Gedicht und das, was es erleben lassen soll, in deinen Annahmen und Argumenten zu suchen ist, aus denen der Dialog besteht.

A: Wie auch immer – in beiden Fällen kann der Dialog selbst als ein Moment des Umgangs mit dem Gedicht erfasst und erlebt werden. Und deshalb vielleicht auch als ein Teil des metaphorischen Prozesses, den zu erleben und zu erfassen das Gedicht verlangt.

Nachbemerkung

Einige Aufsätze in diesem Band sind schon an anderen Orten erschienen, sie wurden aber für diese Veröffentlichung überbeitet. Deshalb hier Herbert Nikitsch und Tim Trazskalik herzlichen Dank für ihr sorgfältiges Lektorat und die mit diesem verbundenen Diskussionen.

Die Aufsätze sind in großem zeitlichen Abstand voneinander entstanden; auch deshalb sind sie terminologisch, aber auch konzeptuell nicht einheitlich. Da aber ihr gemeinsamer Gegenstand Möglichkeiten des Metaphorischen in den Künsten ist, scheint es mir sinnvoll, sie hier zu versammeln.

Ich glaube auch, dass sie gerade gemeinsam auf etwas verweisen, das ich – in mehrfachem Sinn des Wortes – als *Ausgang* der Poesie zu erahnen vermeine.

Franz Josef Czernin, 2023

Anmerkungen

1   Nelson Goodman, *Sprachen der Kunst: Entwurf einer Symboltheorie*. Aus dem Englischen von Bernhard Philippi, Frankfurt am Main 1976 (orig. *Languages of Art*, 1968), S. 53–97.

2   Vor allem in: John Searle, *Ausdruck und Bedeutung*, Frankfurt am Main 1982.
    Die Vergleichstheorie kann als eine Unterart der Anspielungstheorie verstanden werden. Siehe weiter unten dazu auch das Kapitel *Borges und Metaphern*, S. 17 ff.

3   Donald Davidson, *Was Metaphern bedeuten*, in: *Die paradoxe Metapher*, hrsg. v. Anselm Haverkamp, Frankfurt am Main 1998, S. 49–75.

4   Siehe unten, S. 20 ff., im Kapitel *Borges und Metaphern* die Erläuterungen zur Vergleichstheorie der Metapher.

5   In: Jorge Luis Borges, *Inquisitionen*, Frankfurt a. M., 1992, S. 15.

6   Borges' Beispiel ist eine Metapher, die eine Aussage ist. Die meisten Aussagen haben einen Wahrheitswert. Dass Metaphern – und gerade in der Literatur – nicht nur in Aussagen, sondern auch in Fragen, Anweisungen, Wunschsätzen usw. vorkommen und dann keinen Wahrheitswert haben, wird hier vorausgesetzt.

7   *Anspielungsmetapher* wird hier als Überbegriff der *Vergleichsmetapher* verstanden. Siehe dazu oben, S. 10 ff., den Essay *Metapherntheorien und Literatur*, S. 7 ff.

8   Wird die Anspielung verstanden und somit, dass der

Sprecher zu verstehen gibt, er wolle noch ein Glas trinken, und wird er etwa deshalb zur Rede gestellt, dann kann er mit Recht leugnen, dass er dies zu verstehen gegeben habe, da es aus dem, was er *ausdrücklich* sagt, tatsächlich nicht zu erschließen ist. Dieses von Grice so benannte Kriterium der *cancellability* zeigt, dass die Anspielung in keiner *semantischen* Beziehung zur geäußerten Aussage steht: Weder impliziert der geäußerte Satz das, worauf er anspielt, noch steht er im Widerspruch dazu.

9 Von Karl August Hort und Gisbert Haefs.

10 Donald Davidson, *Was Metaphern bedeuten*, a. a. O.

11 Georg Lakoff und Mark Johnson. *Metaphors we live by*, Chicago 1981.

12 Auch auf andere totalisierende Metaphernkonzeptionen wie diejenigen Nietzsches, Derridas oder Paul de Mans, für die Sprache fundamental metaphorisch ist, könnte diese Kritik angewendet werden.

13 Nach einem geläufigen Gebrauch von *Katachrese* ist diese ein sprachlicher Ausdruck, der etwas bezeichnet, für das es keine wörtliche Bezeichnung gibt. Bekannte Beispiele sind etwa »Tisch*bein*«, »Fluss*arm*«, »*Fuß* des Berges«. Diese Ausdrücke schließen durch eine Metapher Lücken in einem Vokabular, doch eben weil sie eine Lücke schließen, ist ihr Metaphorisches auch verblasst. Nach einer anderen Verwendung von *Katachrese* ist diese eine Vermengung nicht zusammengehöriger Metaphern, wie zum Beispiel in *Das schlägt dem Fass die Krone ins Gesicht.*

14 Was könnte Borges unter *Schauen* verstehen? Ich nehme an, dass er damit nicht nur bildhafte Vorstellungen meint – und das wäre im Fall der Beispielmetapher von Gott als intelligible Sphäre, deren Mittelpunkt überall und deren Umkreis nirgendwo ist, auch unsinnig –, sondern ein Erleben, das zwar bildhafte Vorstellungen enthalten kann, aber auch vieles andere: Gedanken, Sätze, Ideen, Ahnungen, Gefühle – eigentlich so ziemlich alles, was unser Geist aufbieten

kann, wenn er mit einer so dunklen Aussage konfrontiert ist, wie es jene Metapher ist.

15 *La Commedia, Die göttliche Komödie III, Paradiso/ Paradies*, Reclam Bibliothek, Stuttgart 2014.

16 *Bertrand Russell, Knowledge by Acquaintance and Knowledge by Description*. Proceedings of the Aristotelien Society, New Series, Vol. 1 (1910–1911), S. 108–128.

17 Siehe dazu oben, S. 17 ff., das Kapitel *Borges und Metaphern*.

18 Theodor W. Adorno: *Negative Dialektik*, in: *Gesammelte Schriften*, hrsg. von Rolf Tiedemann, Band 6, Frankfurt am Main 1997 (1970), S. 44.

19 Vgl. Theodor W. Adorno, *Fragment über Musik und Sprache* [1956], in: Gesammelte Schriften, hrsg. von Rolf Tiedemann, Band 16 (*Quasi una fantasia. Musikalische Schriften II*), Frankfurt am Main 1997 (1978), S. 251–256.

20 Nelson Goodman, *Sprachen der Kunst: Entwurf einer Symboltheorie*. Aus dem Englischen von Bernhard Philippi, Frankfurt am Main 1976 (orig. *Languages of Art*, 1968), S. 53–97. In meiner an Adornos ontologischen Voraussetzungen und an seiner Terminologie orientierten Adaption sehe ich von Goodmans nominalistisch motivierter Ablehnung von Eigenschaften und Begriffen ab.

21 Theodor W. Adorno, *Fragment über Musik und Sprache*, a. a. O., S. 255. (Anm. 19) Adorno erläutert ebenda: »›tönend‹ und ›bewegt‹ sind in Musik fast dasselbe, und der Begriff ›Form‹ erklärt nichts vom Verborgenen, sondern schiebt bloß die Frage nach dem zurück, was sich im tönend bewegten Zusammenhang darstellt, was mehr ist als nur Form. Form ist nur eine von Geformtem.«

22 Ein Zitat für manche: »Die Züge des Ausdrucks, die den Kunstwerken eingegraben sind […], sind Demarkationslinien gegen den Schein. Weil sie aber doch als Kunstwerke Schein bleiben, ist der Konflikt zwischen diesem, der Form im weitesten Verstande, und dem

Ausdruck unausgetragen und fluktuiert geschichtlich. […] Die Entfaltung der Kunst ist die eines quid pro quo: der Ausdruck, durch den die nichtästhetische Erfahrung am tiefsten in die Gebilde hineinreicht, wird zum Urbild alles Fiktiven an der Kunst.« Theodor W. Adorno, *Ästhetische Theorie*, in: *Gesammelte Schriften*, hrsg. von Rolf Tiedemann, Band 7, Frankfurt am Main 1997 (1970), S. 169.

23 Vgl. zum theologischen Aspekt von Musik und der ›wahren Sprache‹, auf die Musik verweist Theodor W. Adorno, *Fragment über Musik und Sprache*, a. a. O., S. 252.

24 Theodor W. Adorno, *Ästhetische Theorie*, a. a. O., S. 148.

25 Ein Zitat für viele: »Kein Besonderes im Kunstwerk ist legitim, das nicht durch seine Besonderung auch allgemein würde.« Theodor W. Adorno, *Ästhetische Theorie*, a. a. O., S. 269.

26 Ebenda, S. 91.

27 Adorno betont an vielen Stellen der *Ästhetischen Theorie* das Nominalistische als Charakteristik der Moderne; doch auch als auf die begriffsrealistische Gegenposition dialektisch bezogen. Er macht diesen Gegensatz vor allem an der Problematik der Geltung von Genres und Gattungen fest, wobei die begriffsrealistische Position darin besteht, Gattung oder Genre als im einzelnen Werk realisiert anzunehmen, die nominalistische Position darin, dass das einzelne Werk sich solcher Realisation entgegensetzt. Jedenfalls sollen die gegensätzlichen Positionen in Kunstwerken vermittelt sein und ausgetragen werden.

28 Theodor W. Adorno: *Fragment über Musik und Sprache*, a. a. O., S. 252.

29 Theodor W. Adorno: *Ästhetische Theorie*, a. a. O., S. 148.

30 Adorno: *Fragment über Musik und Sprache*. (Anm. 19), S. 252–253.

31 Ein Zitat für viele mögliche: »Vollends dogmatisch ist die dem Idealismus nachgeredete Beteuerung, das Kunstwerk sei die gegenwärtige Einheit des Allgemei-

nen und Besonderen.« Theodor W. Adorno, *Ästhetische Theorie*, a. a. O., S. 147.

32 Theodor W. Adorno, *Negative Dialektik*, a. a. O., S. 159. Vgl. auch ebenda, S. 148–152, sowie *Fragment über Musik und Sprache*, a. a. O., S. 252–254.

33 Theodor W. Adorno, *Ästhetische Theorie*, a. a. O., S. 148.

34 Theodor W. Adorno, *Fragment über Musik und Sprache*, a. a. O., S. 252.

35 Siehe Abb. 1 Rubens, Peter P. 1601–1602. *Bekehrung des hl. Paulus*, 1601/1602, Wien/Vaduz, Sammlungen des Bankers von und zu Liechtenstein.

36 Dass im Übrigen manche Metapherntheorien, etwa im besonderen Maß diejenige Paul Ricœurs (*Die lebendige Metapher*, München 1986), auf die nichtzeichenhaften Wirkungen von Metaphern Wert legen, steht auf einem anderen Blatt. Denn Metaphern sind dabei dennoch Zeichen. Ausnahmen sind, wenn ich das richtig verstehe, die Metaphernkonzeptionen von Lakoff & Johnson und die metaphorologischen Werke von Hans Blumenberg (etwa in: *Ästhetische und metaphorologische Schriften*, hrsg. von Anselm Haverkamp, Frankfurt am Main 2001). Für beide Konzeptionen gilt aber: Damit etwas eine Metapher ist, muss es weder ein Zeichen noch vermittelt sein.

37 Erstdruck in Franz Josef Czernin, *staub. gefässe*, München 2008, S. 125.

Textnachweise

S. 17: Borges und Metaphern
Zuerst erschienen in: *Das telepathische Lamm. Essays und andere Legenden*, Klever Verlag, Wien 2011. Hiermit mein Dank für die Abdruckerlaubnis.
Ich beziehe mich auf Borges' Essay *Die Metapher* (in: *Niedertracht und Ewigkeit*, Frankfurt a. M., 1991, S. 146 ff.) und seine Vorlesung mit demselben Titel (in: *Das Handwerk des Dichters*, Frankfurt a. Main, 2008, S. 21 ff.)

S. 37: One or two cultures? Für Oswald Wiener
Vortrag gehalten im Rahmen von *Oswald Wiener: Stand der Denktheorie, Symposion und Literaturfest*, 1.–4. Juli 2021 im Kunsthaus Mürzzuschlag. Veröffentlicht zuerst in *Volltext 4/21*, Wien 2021.

S. 59: Legende von der poetischen Bedeutung
Zuerst veröffentlicht in: *Die Metapher in Philosophie, Wissenschaft und Literatur*, hrsg. von Franz Josef Czernin und Thomas Eder, Paderborn 2007. Hiermit mein Dank für die Abdruckerlaubnis. Dieser Text bezieht sich auf Donald Davidsons Aufsatz *Was Metaphern bedeuten*, a. a. O., S. 57 ff.

S. 71: Zu Adornos *Fragment über Musik und Sprache*
Zuerst veröffentlicht in: Getrude Geml, Han-Gyeol Lie (Hrsg): *»Durchaus rhapsodisch«. Theodor Wiesengrund Adorno: Das kompositorische Werk*, Heidelberg 2017. Hiermit mein Dank für die Abdruckerlaubnis.

S. 103: **Metaphern, die keine Zeichen sind?**

Gewidmet sei dieser Aufsatz Wolfram Pichler, dem ich zahlreiche Anregungen und Ideen für seine Konzeption verdanke.

S. 115: **Zur Poesie und einem Gedicht, das ein oder kein Palast ist**

Erstdruck in: *Poesie und Begriff, Positionen zeitgenössischer Dichtung*, Hrsg. von Armen Avanessian, Anke Hennig, Steffen Popp, Berlin 2014, S. 49–68.

Erste Auflage Berlin 2025
Copyright © 2025
MSB Matthes & Seitz Berlin
Verlagsgesellschaft mbH
Großbeerenstraße 57A | 10965 Berlin
info@matthes-seitz-berlin.de
Alle Rechte vorbehalten, insbesondere
die Nutzung des Werks für Text und Data Mining
im Sinne von § 44b UrhG.
Satz: psb, Berlin
Druck und Bindung: Art-Druk, Szczecin
Umschlaggestaltung nach einer Idee von
Pierre Faucheux
ISBN 978-3-7518-3030-0
www.matthes-seitz-berlin.de